휴거,
그리고 남겨진 사람들

휴거, 그리고 남겨진 사람들

저자 어니스트 앵그리
역자 유재덕

초판 1쇄 발행 2022. 9. 22.

발행처 도서출판 브니엘
발행인 권혁선

책임편집 김지연
책임교정 조은경

등록번호 서울 제2006-50호
등록일자 2006. 9. 11.

서울특별시 송파구 백제고분로28길 25 B101호 (05590)
마케팅부 02)421-3436
편집부 02)421-3487
팩시밀리 02)421-3438

ISBN 979-11-90308-82-3 03230

독자의견 02)421-3487
이메일 editorkhs@empal.com

북카페 주소 cafe.naver.com/penielpub.cafe
인스타그램 @peniel_books

도서출판 브니엘은 독자들의 원고를 설레는 마음으로 기다리고 있습니다.
위의 이메일로 간단한 기획 내용 및 원고, 연락처 등을 보내주십시오.

도서출판 브니엘은 갓구운 빵처럼 항상 신선한 책만을 고집합니다.

휴거,
그리고 남겨진 사람들

어니스트 앵글리 지음 | 유재덕 옮김

브니엘

여러 권의 베스트셀러를 집필한 미국의 기독교 작가이자 목회
자, 그리고 텔레비전 전도자로 활발하게 활동했던 어니스트 앵그리
의 대표작인 이 책은 출판된 지 이미 50년을 훌쩍 넘긴 기독교 소설
이다. 강산이 몇 번이고 바뀔 정도로 오랜 세월이 흘렀음에도 이 책
은 여전히 전 세계 그리스도인들 사이에서 즐겨 읽히고 있다. 얼마
전에 확인한 기록에 따르면 이 책은 현재까지 무려 171개국에서 번
역되어 출판되었고, 지금도 계속해서 판을 거듭하고 있다고 하니
그 인기가 어느 정도인지 충분히 짐작할 수 있겠다.

기독교의 종말을 설명하는 책들이 이미 몇 권씩이나 출판된 마
당에 반세기를 넘기면서까지 이 책이 그리스도인들 사이에서 즐겨
읽히는 까닭은 무엇일까? 저자가 이야기를 전개하는 방식을 일차
적인 이유로 꼽을 수 있다. 사실 '휴거'라는 주제는 설명이 쉽지 않
은 기독교의 교리들 가운데 하나라서 혼란스러울 정도로 다양한 이

5

론이 존재하는 실정이다. 저자는 그렇게 어려운 주제를 앨러배스터라는 도시에 사는 몇 명의 인물을 중심으로 마치 한 편의 영화를 찍듯이 아기자기하게 풀어가고 있는데, 그것이 독자들을 사로잡은 것 같다.

저자가 성경의 내용을 충실하게 따르는 것 역시 인기의 또 다른 원인이라고 할 수 있다. 과거 일각에서는 휴거라는 종말적 사건을 성경과 무관하게 자의적으로 설명하고 주장하는 바람에 상당한 물의를 빚기도 했다. 하지만 이 책의 저자는 소설 형식을 빌려 휴거를 설명하면서도 휴거와 관련된 기본적인 얼거리와 문제 해결의 열쇠를 철저하게 성경의 내용에서 가져오고 있다. 이것이 바로 「휴거, 그리고 남겨진 사람들」이라는 소설이 지닌 미덕인 동시에 비슷한 유형의 다른 저서들에 모범이 되는 것이다.

개인적으로는 이 책을 고등학교 시절에 처음 접했다. 십대선교회(YFC)에서 간사로 활동하는 어느 분의 소개로 이 책을 재미있게 읽었던 기억이 지금도 생생하다. 마치 실제 일어난 일을 두 눈으로 목격이나 한 것처럼 휴거를 실감 나게 묘사한 소설을 읽으면서 한편으로는 두렵기도 하고, 또 다른 한편으로는 아주 흥미진진해서 끝까지 손에서 내려놓을 수 없었다. 고등학교 시절에 재미있게 읽었던 소설을 세월이 한참 흐른 지금에 와서 번역을 부탁받고 보니 그때로 돌아간 것 같아서 작업하는 게 여간 즐겁지 않았다.

그리스도인들은 예나 지금이나 주님의 재림을 말한다. 그뿐만 아니라 재림의 순간이 속히 임할 수 있기를 기도한다. 하지만 이 책은 그런 우리에게 직접적으로 질문한다. "도적과 같이 임하게 될 하나님의 날, 주님의 재림을 제대로 준비하고 있는지" 말이다. 재림을 기다리고 있다는 우리 신앙의 진정성에 대해서 진지하게 묻고 있는 것이다. 나는 어떤 순간에도 주님을 기준으로 삼고 살아가는 삶, 시대의 흐름에 동참하면서도 지향하는 목적 지점의 옳고 그름을 제대로 분별하는 삶, 그리고 두 발은 땅을 딛고 있지만 언제나 하늘을 의식하는 삶이 역사의 종말, 곧 휴거의 순간을 기다리는 우리의 올바른 자세라고 생각한다. 이 책이 그런 믿음의 자세를 갖추는 데 도움이 될 수 있기를 기대한다.

옮긴이 유재덕

C·O·N·T·E·N·T·S
차 례

"

보라. 내가 도둑같이 오리니
누구든지 깨어 자기 옷을 지켜
벌거벗고 다니지 아니하며
자기의 부끄러움을 보이지
아니하는 자는 복이 있도다.
요한계시록 16:15

"

1.
어느 젊은 목사의 주일 설교

어느 이른 봄 아침이었다. 완전히 가시지 않은 겨울 추위 때문에 공기는 여전히 찼다. 산 사이로 막 모습을 드러내기 시작한 태양이 익숙하게 대지에 인사를 건넸다. 봄 내음이 번져나가자 새들이 정말 기뻐서 목청껏 노래하듯이 큰 소리로 울어댔다.

그 사건이 발생한 시각은 앨러배스터 주민 대부분이 잠자리에서 일어나기 직전이었다. 수백 명이 갑자기 사라졌다. 그들 모두가 한 곳에 있었다면 실종 사건이 그리 문제 되지 않았겠지만 도시 곳곳에서 조금씩 사라진 것이다. 남은 이들은 도시를 휩쓴 엄청난 재앙 때문에 두려워 떨었다.

주일 밤에 사랑하는 이들과 나란히 잠자리에 들었다가 월요일 아침에 눈을 떠보니 배우자와 자녀들이 감쪽같이 사라지고 없었다.

거의 모든 가정이 그랬다. 갓난아기와 어린아이들은 한 명도 남아 있지 않았다. 어떤 집은 남편이 사라지고, 또 다른 집에서는 아내가 사라졌다.

말할 수 없는 혼란이 일었다. 운전하는 사람이 갑자기 사라지자 자동차들이 제멋대로 멈춰 섰다. 기관사가 사라진 기차가 탈선했고, 조종사 없는 비행기가 추락했다.

지상에 남겨진 사람들은 넋을 잃은 채 사라져버린 사랑하는 이들을 애타게 찾아다녔다. 사람들은 필사적으로 거리를 뛰어다니며 정신없이 이름을 불러댔다.

호외가 뿌려지는 가운데 텔레비전과 라디오에서 뉴스가 시작되었다. 앵커들은 숨 쉬는 것도 잊은 채 믿을 수 없는 뉴스를 전했다.

"수천 명의 사람들이 오늘 아침 6시경, 지상에서 감쪽같이 사라졌습니다! 정부는 인류 역사상 최대의 불가사의한 사건을 해명하느라 진땀을 흘리고 있습니다!"

사방에서 전화가 빗발쳤다. 어느 곳이든지 보고는 한결같았다. 사람들이 공중으로 사라졌다. 우주에 무슨 일이 발생해서 사람들이 어떤 흔적도 남기지 않은 채 갑자기 사라진 것일까? 수많은 사람이 그들이 어디에 있고 무슨 일을 겪고 있는지 알고 싶어 했다. 분명한 해답을 찾을 수 없었다.

바로 어제, 콜린스는 출석하는 교회에서 목사의 설교를 듣고 있었다. 설교의 주제는 휴거였다. 그녀는 자세를 바로잡고 주의를 집중했다. 한마디도 놓치지 않으려는 듯 목사의 얼굴에 시선을 고정했다.

설교자는 아들 또래의 젊은 목사였다. 생각이 아들에 미치자 걱정 때문에 초췌해진 그녀의 얼굴을 타고 눈물이 흘러내려서 옷을 적셨다. 아들은 분명 하늘이 허락한 사랑의 선물이었다. 어느 날 밤, 남편이 차가운 시체로 돌아온 이후 오랫동안 아들은 자신이 놀라운 축복이라는 것을 일깨워주었다. 당시 그녀는 목숨을 부지할 가치가 없다고 생각했지만 걱정이 배어나는 세 살배기 아들의 얼굴에서 살아야 할 이유를 발견했다. 아이는 자신과 남편이 담당해야 할 몫이었다. 두 사람의 결정체였다. 어두운 시절은 이제 오래전 일처럼 느껴졌고, 눈부신 이 아침에 자리에 앉아서 구세주의 재림에 관한 놀라운 설교를 듣고 있었다.

페어뷰에서 부흥이 일어나고 있었다. 젊은 설교자 리오 매스퍼로가 확신에 차서 거침없이 말하는 순간, 그의 음성이 성령과 하나님의 능력으로 충만했다.

"구약성경을 보면 하나님은 유대인들을 거룩한 땅으로 다시 불러 모으겠다고 약속하셨습니다. 1921년 이후로 유대인들은 역사상 가장 큰 모임을 가졌습니다. 마침내 1948년에 유대인들은 다시 한 번 국가를 세웠습니다. 오늘날 유대인들은 하나님이 자신들의 조상을 열방으로 흩어지게 한 이후 그 어느 때보다 흥분하고 있습니다. 형제들이여! 나는 유대인들이 이스라엘을 위해서 어떻게 싸웠는지 살펴보다가 하나님의 아들이 재림할 때가 머지않았다는 사실을 깨닫게 되었습니다. 우리가 하나님의 아들이 공중에 나타나고, 그리스도의 신부인 교회가 들림 받게 될 것을 기대하고 있듯이 유대인들은 이스라엘을 구속할 분을 기다립니다. 그들은 그분이 지상에 나라를 세울 것이라고 기대하고 있습니다. 그분은 2천 년 전에 이 땅에 오셨습니다. 그렇지만 그들은 그리스도를 하나님의 아들로 받아들이지 않고 사기꾼으로 몰았습니다. 모세, 이사야, 그리고 구약 성경의 여러 예언자가 그리스도의 강림을 예언했음에도 그들이 믿지 않은 것은 예상하지 못한 순간에, 너무 비천하게 태어났기 때문이었습니다. 그들은 왕이 마구간에서 태어나 구유에 누워 있을 것이라고는 생각하지 못해서 소리쳤습니다. '십자가에 매달고 그의 피를 우리와 우리 자손에게 돌리게 하라!' 유대인들은 무지해서 자신들의 왕, 하나님의 아들을 십자가에 매달았습니다. 오늘날까지 유대인들은 자신들의 메시아를 기다리고 있습니다. 유대인들이 메시아라고 생각하는 모든 자격을 갖춘 죄악의 사람, 곧 거짓 그리스도가 나타날 것입니다. 그가 등장하면 유대인들은 그를 그리스도로 받아들이게 될 것입니다."

콜린스는 설교를 듣는 동안 중동지역의 문제와 신문에서 읽었던 기사가 떠올랐다. 정신이 혼란스럽고 가슴에서 통증이 느껴졌다. 구원받을 준비가 되어 있지 않거나 주님을 사랑하지 않거나 그분과 함께 있고 싶은 마음이 없기 때문에 그런 게 아니었다. 외아들 짐 때문이었다. 짐은 아직 주님을 만날 준비가 되어 있지 않았다. 그가 구원받지 못한 채 환란의 고통을 겪거나 짐승의 표를 받게 되는 것을 상상할 수 없었다. 그럴 수 없었다. 당연히 구원받아야 했다.

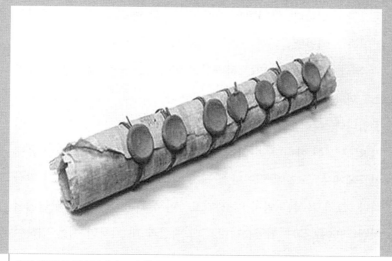

일곱 인봉으로 된 두루마리. 로마 황제의 서신과 공식문서에 사용됨.
(스토리 요한계시록, 양형주 저, 발췌)

젊은 목사의 설교가 계속되었다.

"요한계시록 6장에서 요한은 말했습니다. '내가 보매 어린 양이 일곱 인 중의 하나를 떼시는데 그때에 내가 들으니 네 생물 중의 하나가 우렛소리같이 말하되 오라 하기로 이에 내가 보니 흰 말이 있는데 그 탄 자가 활을 가졌고 면류관을 받고 나아가서 이기고 또 이기려고 하더라.'

어떤 사람들은 흰 말을 탄 자가 그리스도라고 생각하지만 인을 떼신 분이 어린 양, 곧 그리스도입니다. 여러분은 '흰색은 평화의 상징이 아니냐?'고 되물을지 모릅니다. 그렇습니다. 흰색은 평화의 상징입니다. 그래서 적그리스도가 나타날 때 평화의 왕을 가장하고 등장할 것입니다. 다니엘은 거짓 평화 때문에 많은 사람이 파멸할 것이라고 예언했습니다.

우리가 말하는 휴거는 하나님의 아들이 공중에 재림할 때 그리스도의 신부인 교회가 그분과 함께 지내기 위해서 들림을 받는다는 뜻입니다. 어떤 사람들은 이 적그리스도가 나타나는 순간이 언제인지 알고 싶어 합니다. 다니엘서 9장에는 다니엘이 기도하면서 유대인들에게 무슨 일이 일어나게 될지 알고 싶어 했다는 기록이 있습니다. 그가 음식을 먹지 않고 기도하면서 죄를 고백하자 하늘에서 이런 대답을 듣게 되었습니다. '네 백성과 네 거룩한 성을 위하여 일흔 이레를 기한으로 정하였나니.'

우리는 이레가 한 주간을 말하는 것이 아니라 7년을 의미한다는 것을 알아야 합니다. 그리스도가 십자가에서 돌아가심으로써 69이레의 예언이 성취되었습니다. 유대인의 시대는 지나고 이방인의 시대가 왔습니다. 다니엘서에 기록된 대로 유대인들에게는 70이레 가운데 한 이레가 남았습니다. 이방인의 시대가 끝나기 전까지는 그때가 시작되지 않을 것입니다. 신부의 휴거는 이방인의 시대가 끝날 무렵에 있을 것이고, 그러면 유대인에게 남겨진 마지막 한 이레가 시작될 것입니다.

교회가 3년 반 동안 환란을 겪게 될 것이라고 생각할 수도 있습니다. 그러나 하나님 말씀에 따르면 이것은 사실과 다릅니다. 이사야서 26장 20절은 이렇게 말합니다. '내 백성아 갈지어다. 네 밀실에 들어가서 네 문을 닫고 분노가 지나기까지 잠깐 숨을지어다.' 요한계시록에서는 일곱 교회 가운데 한 교회가 지상의 모든 생명이 겪게 될 시험의 순간을 면하게 될 것이라는 약속을 받습니다.

이방인의 시대 이후에도 이방인 신부가 이곳에 남아서 종말을 맞이한다는 것은 논리에 맞지 않습니다. 게다가 우리가 만일 절반의 환란을 겪어야 한다면 거짓 그리스도가 나타나서 3년 반이 지날 때까지 기다리게 되고, 그러면 하나님의 아들이 나타나서 교회가 휴거될 때를 알게 될 것입니다. 이것은 성경과 일치하지 않습니다. 예수님은 누구도, 하늘에 있는 천사까지도 하나님의 아들이 재림하는 날과 시간을 알지 못한다고 말씀하셨습니다.

적그리스도의 영은 이미 이곳에 있지만 교회가 휴거될 때까지 모습을 드러낼 수 없습니다. 나는 교회를 물막이 댐이라고 생각합니다. 댐이 물을 담아두고 있는 것처럼 교회는 적그리스도가 나타나지 못하게 가로막습니다. 교회가 사라지고 나면 적그리스도는 달려 나와서 유대인들과 7년간 계약을 맺게 됩니다. 약속의 땅으로 유대인들이 귀환하는 것과 관련된 모든 일이 휴거를 앞두고 성취되고 있습니다."

콜린스가 더 이상 눈물을 흘리지 않으려고 애쓰는 동안에도 잔디밭에서는 새들이 노래하고 스테인드글라스로 햇빛이 쏟아져 들어왔다. 그녀는 재림의 때를 즐겁게 떠올리며 설교에 귀를 기울였다. 아들 짐과 며느리 루실이 구원받을 수 있다면 그 아침은 더할 나위가 없었을 터였다.

그녀는 아들의 어릴 때가 떠올랐다. 밝은 갈색 곱슬머리를 숙이고서 진지하게 기도하는 아들의 모습이었다. 언제 생각하더라도 진한 감동을 안겨주었다.

"이제 잠자리에 들려고 합니다. 주님이 제 영혼을 지켜주세요. 이대로 깨어나지 않으면 주님이 제 영혼을 맡아주세요. 하나님, 엄마와 지니 아줌마, 빌 아저씨를 축복해주시고 모두에게 복을 내려주세요."

그토록 아름답고 감동적인 잠자리 기도 때문에 그녀는 아들이 훌륭한 사람으로 성장하게 될 것이라는 꿈에 부풀었다. 목사가 될지도 모를 일이었다. 가족 가운데 목사는 없었지만 하나님이 이 아이를 사용하면 가능했다. 많은 사람이 가업을 염두에 두는 것 같다. 가족의 일을 물려받을 때도 있지만 하나님의 사역일 경우에는 하나님이 선택한 사람이 부름받는다. 하나님은 그런 방식으로 일을 처리하신다. 하나님이 짐을 위대한 영적 진리를 전달하도록 선택하고 기름 부은 목사로 부르신다면 그보다 더 큰 영광은 없을 것이다.

콜린스는 언젠가 아이들이 커서 어떤 사람이 될 것인지를 놓고서 커크랜드 부인과 대화를 나누다가 그대로 털어놓은 적이 있었다. 부인은 손을 저으면서 믿지 못하겠다는 듯이 소리쳤다.

"목사라니요! 콜린스 부인은 정말 아이에게 그렇게 따분하고 수준 낮은 생활을 시킬 생각인가요? 나는 그러고 싶지 않아요! 우리 아이가 유명해져서 세상 사람들이 모두 떠받들게 하고 싶어요. 그런데 목사라니요!"

그녀는 어이없다는 표정을 지으면서 덧붙여 말했다.

"그러고 보니 당신은 언제나 고루하고 엄격했어요. 하지만 아세요? 아무튼 나는 당신을 좋아하고, 짐을 목사로 만들어서 당신이 즐겁다면 그렇게 되어야 할 거예요."

콜린스는 그 대화를 회상하면서 아들이 어렸을 때가 꼭 어제 일 같다고 느꼈다. 짐은 목사의 길을 선택하지 않았다. 하나님의 자녀가 되기를 포기했고, 신앙에는 흥미가 없었다. 법률만이 인생에서 가장 흥미롭고 중대한 문제였다.

"주님의 재림이 아주 가까운 것 같습니다."

목사가 말했다.

"재림의 징조가 성취되고 있고, 주님은 어느 때라도 성경대로 다시 오십니다. 누가 알겠습니까? 오늘 재림이 있을지 모릅니다!"

콜린스는 요한계시록과 다니엘서를 이미 읽었다. 적그리스도에 대한 공부는 언제나 흥미로웠다. 이 젊은 목사는 그 누구보다 더 쉽게 설명해주었다. 그는 예수님의 재림이 임박했다고 생각했기 때문에 참석자들이 예배를 마치고 돌아가기 전까지 모두 주님에게 돌아오게 하려고 노력했다.

목사의 설교는 여전히 간절했다.

"적그리스도가 모습을 드러내고, 유대인들과 계약을 맺을 것입니다. 유대인들은 즐거워하고, 유대인들이 즐겁게 행진하는 동안 축가가 연주될 것입니다. 그들이 이 위대한 사건을 오랫동안 고대해왔다는 것을 잊어서는 안 됩니다. 그들은 이스라엘에 성전을 세우고 조상들이 그랬던 것처럼 하나님께 희생제물을 바칠 것입니다.

유대인들이 메시아가 나타날 때 성전을 세우기 위해서 석재를 마련하고 기다리고 있다는 이야기를 들었습니다. 그들은 머지않아 성전을 건축하고 희생제물을 바칠 준비가 되어 있습니다. 우리는 이 사람을 작은 뿔, 사악한 자, 짐승, 멸망의 자식, 혹은 다른 이름으로 부를 수 있습니다. 성경에는 그를 가리키는 수많은 이름이 나옵니다.

다니엘은 다니엘서에서 그의 손기술로 번성하게 될 것이라고 말합니다. 그것은 공장을 의미합니다. 온갖 종류의 산업이 발전하게 됩니다. 적그리스도는 조상이 하지 못한 일을 해낼 것입니다. 바꾸어 말하면 그는 성과를 사람들과 함께 나눔으로써 자신이 하나님의 아들이라고 더욱 강력하게 각인시킬 것입니다.

히틀러가 그런 놀라운 능력을 발휘하자 일부 사람들은 그를 적그리스도로 간주했습니다. 그러나 히틀러는 유대인들을 좋아하지 않았기 때문에 유대인들의 메시아가 아닙니다. 적그리스도는 어느 민족보다 유대인들을 사랑할 것입니다. 히틀러는 수백만 명을 죽였습니다.

처음 3년 반은 평화로운 통치가 계속되고 유대인들은 하나님께 제물을 바칠 것입니다. 3년 반이 지나자마자 유대인들은 예배하러 성전으로 올라가지만, 적그리스도가 어떤 가증스러운 제물로 성전을 더럽히고 하나님의 성전에 자신을 세우고서 스스로 하나님이라고 보여줄 것입니다. 유대인들은 하나님이라고 믿지 않지만 하나님

〈일곱 머리 짐승과 계시록 13장〉(필립 메드허스트 作, 2008년)
(스토리 요한계시록, 양형주 저, 발췌)

의 아들이라고 받아들입니다. 결국 그들은 눈을 뜨게 되고 자신들이 속았다는 사실을 알게 될 것입니다.

유대인들 가운데 일부가 하나님이 적그리스도를 피하도록 예비하신 피난처가 있는 광야로 피신하게 됩니다. 요한계시록 13장 1~2절에서 요한은 이렇게 말합니다. '내가 보니 바다에서 한 짐승이 나오는데 뿔이 열이요 머리가 일곱이라. 그 뿔에는 열 왕관이 있고 그 머리들에는 신성 모독하는 이름들이 있더라. 내가 본 짐승은 표범과 비슷하고 그 발은 곰의 발 같고 그 입은 사자의 입 같은데 용이 자기의 능력과 보좌와 큰 권세를 그에게 주었더라.'

바꾸어 말하자면 요한은 열국 가운데서 일어서는 사람을 보았다는 것입니다. 이것이 정부의 권력을 소유한 적그리스도입니다. 요한은 계속해서 온 세계가 짐승을 이상하게 생각하면서 짐승을 경배했다고 말합니다. 아울러서 요한은 그들이 짐승에게 권세를 허락한 용, 혹은 사탄을 경배했다고 말했습니다.

같은 장에서 우리는 또 다른 짐승이 등장하는 것을 볼 수 있습니다. 요한은 그것이 양처럼 두 개의 뿔을 가졌고 용처럼 말을 하며 하늘로부터 불을 내려오게 하는 권세를 가졌다고 말합니다. 이것은 신성에 도전하는 세 번째 존재입니다.

삼위일체 하나님은 성부와 성자와 성령입니다. 하나님을 대적하는 사탄, 짐승인 적그리스도, 그리고 거짓 예언자인 악령이 삼위일체에 도전하는 세 가지 존재들입니다. 지금은 성령의 시대라서 그리스도를 대신해서 성령이 일합니다. 성령은 자신이 아니라 성부와 성자를 영화롭게 합니다. 그날에 악한 영은 적그리스도와 사탄을 영화롭게 하기 위해서 일하게 됩니다. 놀라운 기적을 보여주면서 사람들을 속여서 지상의 사람들에게 짐승의 형상을 만들라고 유혹할 것입니다.

요한계시록 13장 15~16절은 이렇게 말합니다. '그가 권세를 받아 그 짐승의 우상에게 생기를 주어 그 짐승의 우상으로 말하게 하고 또 짐승의 우상에게 경배하지 아니하는 자는 몇이든지 다 죽이게 하더라. 그가 모든 자 곧 작은 자나 큰 자나 부자나 가난한 자나 자유인이나 종들에게 그 오른손에나 이마에 표를 받게 하고.' 우리는 주님을 만나기 위해 준비해야 합니다. 내일 아침이 되기 전에 오실지 모릅니다. 마태복음 25장 13절은 말합니다. '그런즉 깨어 있으라. 너희는 그날과 그때를 알지 못하느니라.'"

청중 사이로 침묵이 흘렀다. 어떤 소리도 들리지 않았다. 목사가 성경을 덮자 성가대가 찬양을 시작했다.

"언제 주님이 다시 오실지 모르니…."

그러자 회중이 휴거에 앞서 마지막으로 강단의 초대를 기대하며 자리에서 일어섰다. 사람들은 놀라울 정도로 확신에 사로잡혔다. 눈물을 흘리는 이들도 있었다. 콜린스는 예배당에 하나님의 영이 충만한 것을 느꼈다. 많은 사람이 기도하러 앞으로 나갔지만 뒤로 물러나서 하나님을 찾는 것을 다음 시간으로 미루는 이들도 일부 있었다. 그들은 앞으로 언젠가는 하나님을 받아들이겠지만 오늘 아침은 아니라고 생각했다.

끝으로 예수님을 만난 이들의 영광스러운 간증이 있고 난 뒤에 사람들은 자리를 떴다. 이렇게 많은 이를 부르신 하나님을 기뻐하고 찬양하면서 사람들은 천천히 교회 문을 나서고 둘씩 혹은 셋씩 훌륭한 예배와 임박한 주님의 재림에 대해서 대화를 나누었다.

콜린스는 가벼운 마음으로 길을 걸었다. 그녀의 얼굴에는 주님의 영광이 빛나고 있었다. 걸음걸이가 아주 경쾌해서 멀리서 보면 그녀를 육십 대로 믿을 사람이 없을 정도였지만 가까이에서 보면 오랜 세월 살아오면서 겪은 힘겨움이 잔주름에 묻어났다.

헤스터 벨 윌슨은 콜린스를 따라가기 위해서 걷는 속도를 높였다. 대개는 천천히 걸어 다녔지만 오늘 아침에는 누군가 말할 상대가 필요했다.

그녀는 걸음을 재촉하면서 사람들이 교회에서 왜 그렇게 많은 시간을 보내고 싶어 하는지, 그러면서도 즐거워하는 이유는 무엇인지 알고 싶었다. 이해할 수 없는 사람들도 있었다. 사람들이 몸을 움직이면서 노는 곳에 가면 안 되는 것일까? 그런 곳이 훨씬 더 재미있을 것 같았다. 그런 장소는 그리스도인에게 어울리지 않는다는 말을 들었고, 믿음이 썩 좋지는 않았지만 사람들에게 철부지 불신자 취급을 받고 싶지도 않았다.

볼이 붉어지고, 곱실거리는 검은 머리가 한낮의 가벼운 바람에 날렸다. 헤스터 벨이 겨우 콜린스를 따라잡았다. 헤스터가 숨을 몰아쉬자 콜린스가 눈을 반짝이며 그녀의 예쁜 얼굴을 올려다보았다.

"헤스터, 누가 따라오기라도 하니?"

성가신 것처럼 물었다.

"알 수 없구나! 이렇게 아름다운 날에 너처럼 아름다운 아가씨가 그렇게 서둘러서 집에 가려고 하다니 말이다."

헤스터 벨은 콜린스와 걸음을 맞추어 걸으면서 속내를 들키지 않을 수 있는 대답을 생각하는 중이었다. 용감하게 보이려고 거짓말을 해야 한다면 그것도 가능한 일이었다.

"제가 집에 가려고 급히 서두르는 게 아니라는 것을 잘 아시잖아요. 정말이에요! 제가 아주머니를 잘 몰랐다면 뒤따르는 저를 보고서도 그렇게 빨리 걷느냐고 말했을 거예요. 어쨌든 이렇게 만나게 되었네요. 그렇게 말도 안 되는 오늘 아침 설교를 어떻게 생각하세요? 지금까지 살아오면서 한 시간 동안 그렇게 많은 소름이 돋아보기는 처음이었어요. 정말 말도 안 되는 설교였다고요! 목사님은 주님이 어느 때든지 재림하신다고 말했는데…. 얼마나 겁이 났는지 도망쳐야 할지 그냥 앉아 있어야 할지 종잡을 수 없었어요. 그게 사실이 아니라는 것을 알고는 있었지만 정말 무서웠어요. 더 즐거운 설교를 할 수는 없었을까요? 그런 말은 어디서 끌어모은 거예요?"

콜린스는 헤스터 벨이 거침없이 속내를 늘어놓는 동안 아무 말 없이 조용히 듣고 있었다. 갑자기 헤스터 벨이 멈춰 서서 콜린스의 얼굴을 찬찬히 살폈다. 만족스러운 그녀의 안정된 모습 때문에 혼란스러웠다.

"아주머니, 목사님의 설교를 모두 믿는 건 아니죠?"

콜린스는 차분하면서도 확신에 찬 음성으로 요점을 지적했다.

"그래, 나도 마찬가지로 두려워. 오늘 아침 설교는 생소한 내용이 아니었단다. 나는 지금껏 예수님을 기다려왔지."

"이렇게 우리가 걷고 있는 바로 지금에도 그런 일이 일어날 수 있다는 말씀이세요?"

헤스터 벨이 물었다.

"그렇다마다. 내 생각도 그래."

헤스터는 등 쪽으로 냉기가 퍼지면서 더 많은 소름이 돋는 기분이었다.

"그러니까 사람들이 한순간에, 눈 깜박하는 동안에 변화되고 죽은 사람들이 무덤에서 나온다는 터무니없는 이야기를 모두가 믿고 있다는 건가요?"

"아니, 모든 사람이 그 이야기를 믿지 않을까 봐 걱정이지. 당연히 믿어야 할 텐데. 주님이 재림하실 때 한 사람이라도 남아 있게 되면 얼마나 슬프겠니."

헤스터 벨의 두 눈이 잠시 휘둥그레졌다. 대체 어째서 콜린스 부인을 뒤따라올 생각을 했을까? 누구도 그런 터무니없는 말을 믿을 것 같지 않았다. 그 말을 꺼낸 목사도 마찬가지였다.

"믿고 싶다면야 그런 교리를 곧이곧대로 받아들일 수도 있겠지만 저는 전혀 그럴 생각이 없어요. 어린애가 아니잖아요."

헤스터는 그녀를 불편하게 만들 생각은 조금도 없었지만 힘주어 말하면서도 목소리가 떨리는 것까지는 어쩌지 못했다.

"그레타 헬먼이 공중으로 들림받을 수 있다고 생각하세요? 엄청난 거구잖아요. 공중을 날아다니는 모습이 그려지세요?"

헤스터 벨이 갑자기 웃음을 터뜨렸다. 하지만 콜린스가 차분하게 별다른 반응을 보이지 않자 헤스터 벨은 목에서 커다란 덩어리가 치밀어 오르는 느낌이었다. 이 '휴거라는 것'을 두려워해야 한다니! 헤스터는 갑자기 온몸에 소름이 돋는 것 같았다. 말도 안 된다고 생각했다. 어째서 이런 일 때문에 일요일을 망쳐야 할까? 이럴 줄 알았으면 서둘러서 물어보는 게 아니었는데.

"헤스터 벨, 모든 사람이 주님의 재림을 기다린다면 세상이 지금과 달라졌을 거라고 생각하지 않니?"

콜린스의 두 눈이 보석처럼 반짝였다.

"이 세상과는 다른 세상이 되었겠지."

그녀는 헤스터 벨보다 더 가깝게 있는 누군가를 대하듯이 부드럽게 말을 이어갔다.

"야한 영화도, 술도, 앞뒤 가리지 않는 파티도, 춤도, 욕지거리도, 이혼 때문에 가정이 깨지는 일도, 감옥도, 그리고 살인자나 자살하는 사람도 없을 거야. 정말로 이 세상은 놀라운 곳이 되었을 거야."

가만히 듣고 있던 헤스터가 불쑥 나섰다.

"아주머니를 위한 세상일지 모르지만 저를 위한 곳은 아니에요. 무섭네요! 누구도 그런 이야기를 믿게 하려고 하지 않았으면 좋겠어요. 하루 종일 무서울 거예요. 무서워서 잠이 오지도 않을 거고요. 아니, 잠을 자고 싶지 않을까 봐 무서워요. 집을 떠나서 살아야 한다는 게 무서워요. 제발요! 떨린다고요! 하나님은 항상 무서워요!"

"헤스터, 하나님은 무서운 분이 아니란다. 우리를 사랑하셔. 실제로 그분은 우리를 너무 사랑해서 아들을 보내시고 그분의 피로 우리의 죄악을 모두 씻어주셨어. 준비만 되어 있다면 겁낼 게 없단다."

콜린스가 말했다.

"만일 세상에서 누구보다 너를 사랑하는 누군가가 슬픔이 없고, 가슴이 아픈 일이나 고통이 없는 곳으로, 또다시 슬플 일이 없고 더 이상 필요한 게 없는 아름다운 곳으로 데려가겠다는 편지를 보낸다면 어떻게 하겠니? 그분이 자신의 도성에는 정금이 깔린 길과 진주 문이 있다고 말씀하신다면, 네가 살게 될 거처 바로 옆으로 마시기만 해도 영원히 사는 생명수가 흐르고 있다면, 죽음을 두려워할 이유가 없다면, 악한 사람이 전혀 없다면, 모두 너를 사랑하고, 너도 모두를 사랑하게 된다면, 다른 무엇보다 정말 네가 사랑하는 놀라운 친구가 바로 그곳 도성에서 너와 함께 살게 된다면 두렵겠니? 이 놀라운 친구가 너를 데리러 오겠다는 때를 말하지 않았고, 언제든지 떠날 준비를 해야 한다고 해서 늘 두려워 떨어야 할까? 아니면 친구가 올 것을 기대하면서 마음속으로 노래를 부르면서 기다려야 할까?"

"그런 친구가 있다면 기다리는 게 기쁘겠죠."

헤스터는 주저하지 않고 대답했다.

"당연히 두려워할 필요가 없을 거예요. 하지만 하나님의 아들이 재림하는 것은 또 다른 문제예요. 그분을 잘 몰라서요."

헤스터가 솔직하게 인정했다.

"사랑의 주님을 잘 알지 못해서 구세주로 맞아들이지 않은 거로 구나."

콜린스가 밝은 표정으로 말했다.

"네가 두려워하는 것도 그 때문이란다. 네가 그분을 마음속으로 영접하기만 하면 더 이상 두렵지 않을 거야. 내가 말한 그 친구가 바로 예수님이야. 그분은 이곳에 계시지 않지만 다시 오셔서 우리를 데려가시겠다고 말씀하셨단다. 누군가 너를 사랑하고, 그래서 문제가 있는 곳에서 늘 행복한 곳으로 데려가기 위해 곧 찾아온다는 사실을 알고 있는 것은 대단한 일이란다."

헤스터 벨에게는 한없이 길게 느껴지던 순간이 지나자 콜린스가 살고 있는 흰색 울타리에 둘러싸인 방 두 개짜리 방갈로가 나타났다. 창문마다 매달려 있는 깔끔하게 풀을 먹인 흰색 오건디 커튼이 창턱 위에서 흔들리고 있었다. 현관 앞 빨간 제라늄이 고개를 끄덕이며 그들을 기쁘게 맞이했다. 아름다운 잔디밭은 빈틈없이 관리되어 있었고, 관목이 아름답게 자리 잡고 있었다.

헤스터는 깔끔하고 아름다운 집을 걱정스러운 눈길로 둘러보면서 이런 곳에 사는 그녀를 누군가 데리러 오면 그리 반갑지 않을 것 같다는 생각이 들었다.

"다 온 것 같구나. 들어오지 않겠니?"

"아니요. 집에 가야 해요. 어머니가 기다리세요."

헤스터는 자신이 제시간에 집에 돌아가는 것을 어머니가 기대한 적이 없다는 사실을 알고 있었지만 그냥 콜린스와 헤어지고 싶었다.

"들어와서 시원한 우유와 갓 구워낸 과자를 들고 가면 어떨까? 어제 만들어두었단다. 아마 짐이 손녀 수를 데려올지도 모르겠구나. 아이가 '엄마, 과자 먹고 싶어요!'라는 말을 항상 입에 달고 다닌단다. 정말 귀여운 아이야. 주일학교에 다닐 수 있다면 얼마나 좋을까."

"헤스터, 들어가자."

그녀가 재촉했다.

"아니에요! 다음에 들를게요."

헤스터는 서둘러 길을 갔지만 맛깔스러운 바삭한 과자에 대한 미련은 쉽게 떨칠 수 없었다. 그녀는 향긋한 접대를 받을 수 없었다. 어떤 설교자가 하나님의 아들이 어느 순간에 재림해서 사람들을 낚아챈다는 설교를 해서 모두를 죽음의 공포로 몰아가고 있었기 때문이다. 이게 정말이라면 세상은 어떻게 될까! 사람들이 사라져서 공중을 날아다니는 것을 계속 봐야 한다면 아무리 맛있는 과자라고 해도 결코 가던 길을 멈출 수는 없었다. 헤스터는 주님이 재림하는 게 두려워서 하늘을 거의 올려다보지 못하고서 걸음을 재촉했다.

마침내 노란색으로 치장한 이층집에 도착했다. 헤스터는 한 번에 돌계단을 두 개씩 밟아서 현관을 지나 거실로 급히 들어섰다.

"엄마, 집에 있어요?"

그녀가 크게 소리쳤다. 물론 어머니가 그곳에 있다는 사실을 알고 있었다. 그녀는 하루 종일 집을 비울 때가 없었다. 카드놀이를 하러 패거리들이 모여들 시간이었다. 헤스터는 그 자리에 끼지 않았다. 주일에는 더 그랬다. 헤스터는 구원받지는 못했지만 양심을 따르며 살았다. 그래서 무슨 일이든지 마음대로 할 수 없었다. 그녀가 콜린스나 주일학교 교사들과 교제하고 그들을 괜찮게 생각하는 것도 그 때문이었다. 그들은 하나님 말씀을 어기는 삶을 살거나 그렇게 행동하는 사람을 신뢰하지 않았다.

헤스터는 주방으로 급히 뛰어들면서 어머니가 입을 떼기도 전에 소리쳤다.

"엄마, 예수님이 재림하세요!"

수잔 월슨이 잠시 뜨악해서 말없이 바라보다가 생각이 정리되자 재빠르게 대답했다.

"그런 정신 나간 생각은 어디서 주워들은 거니? 분명히 말해두지만 오늘처럼 아무 데나 돌아다니면서 들어서는 안 될 말을 듣고 다녀서는 안 된다."

"하지만 분명히 들었고, 엄마와 아빠도 알아두어야 해요. 비밀스러운 이야기가 아니에요. 목사님이 그렇게 말씀했어요."

헤스터는 목사 때문에 화가 났다는 것도 잊은 채 그의 말을 그대로 옮겼다.

"매스퍼로 목사님이 어느 때든지 일어날 수 있다고 했어요. 성경에서는 그게 지금일지 모른다고 했고요. 하나님의 자녀가 되어 하나님 말씀 속에서 살지 않으면 휴거되지 않을 거예요. 남은 사람들은 비참하고 두려운 일을 겪는다고요."

헤스터는 모든 내용을 소개했다. 젊은 목사가 들었더라면 웃지 않을 수 없었을 것이다. 헤스터는 두려워하는 어머니의 얼굴을 바라보며 자신의 상상력을 섞어서 목사의 설교 내용을 전했다. 어머니에게 소름이 돋지 않는 것도 사실은 교회에 나가서 목사의 설교를 듣지 않은 탓이라고 생각했다. 헤스터는 아침보다 더 많은 일을 겪은 기분이었다.

헤스터가 깊게 숨을 들이키느라 말을 잠시 멈추자 어머니가 갑자기 끼어들었다.

"어째서 말도 안 되는 말을 하는 거니? 믿기지 않아. 사람들이 오래전부터 그렇게 떠들어댔지만 아무 일도 일어나지 않았단다. 마음 약한 사람들이나 그런 잘못된 교리를 믿는 거야. 언젠가 이런 말을 들을 적이 있었단다. 이름은 생각나지 않지만 공부를 많이 한 어느 큰 교회 목사님이 어떤 사람들은 예수님이 재림한다는 징조를 끝없이 떠들어대면서 언제든지 재림을 맞이할 준비를 하고 있다고 말한 적이 있었지. 자신이 속한 교단에서도 그렇게 가르친 적이 있었지만 사람들이 더 이상 믿지 않는다는 거야. 그 사람은 요즘은 알 만큼 아는 시대라서 무식하거나 제대로 알지 못하는 사람들이나 그런 터무니없는 말을 믿는다고 했단다."

34

"그럴까요?"

헤스터가 말을 끊었다.

"그 사람은 노아시대 사람들과 다르지 않아요. 그들은 지구 전체가 물로 뒤덮여서 어디로도 피할 수 없게 된다는 것을 믿지 않으려고 했어요. 목사님이 그렇게 말씀했어요."

헤스터가 힘주어서 말했다.

그러자 수잔 윌슨의 얼굴에서 핏기가 가셨다. 생각에 잠겨 미동도 하지 않았다.

"아무튼 이런 문제에 더 이상 관심을 갖는 건 바보 같은 짓이야."

마침내 그녀가 쓴웃음을 지으며 입을 열었다.

"헤스터, 이제 나가봐라. 다시는 이런 이야기를 하지 않을 거고, 더 이상 교회도 나갈 필요가 없을 것 같다. 오늘 아침에 들은 이야기는 정신건강에 별로 좋지 않아."

"하나님의 아들이 재림하는 문제에 대해서 그렇게 말하면 안 돼요. 하나님이 기뻐하지 않으세요. 구원받은 많은 사람이 그분을 기다리고 있는데, 그렇다면 그 사람들 모두가 어리석다는 건가요?"

헤스터는 알 수 없다는 표정으로 어머니를 바라보았다. 수잔 윌슨은 화가 너무 나서 더 이상 입을 떼지 못했지만 헤스터나 다른 누구에게도 그런 속내를 보이고 싶지 않았다.

헤스터는 돌아서서 계단을 거쳐서 방으로 갔다. 교회에 입고 간 옷을 벗고 편한 옷으로 갈아입었다.

수잔 윌슨은 점심을 준비하면서 깊은 생각에 잠겼다. 이미 세상을 떠난 어머니가 들려주던 말이 떠올랐다. 어머니 역시 주님의 재림을 즐겨 말하던 하나님의 오랜 성도 가운데 한 명이었다. 오래전의 일처럼 느껴졌다.

최근 몇 년간 수잔은 예수님의 재림을 생각해본 적이 거의 없었다. 사실대로 말하면 하나님 말씀을 듣고 싶어서 교회에 다닌 때가 언제 적 일이었는지 확실하게 말할 수 없을 정도였다. 예수님이 재림한다면? 목사는 언제든지 그럴 수 있다고 했다. 예수님이 재림해서 그리스도인들을 데려간다는 것을 사람들이 여전히 믿으면서 간절히 기다리고 있다는 사실은 충격적인 소식이었다. 요즘 사람들이 그런 식의 이야기를 믿을 수 있거나 믿으려고 할 것 같지 않았다.

그럴 즈음에 헤스터가 급히 부엌으로 돌아왔다. 수잔은 감자껍질을 벗기다가 깜짝 놀라서 칼을 떨어뜨리고 말았다.

"무슨 짓이니! 생각을 하면서 행동해야지!"

"미안해요."

헤스터가 사과했다.

"놀라게 하려고 그런 것은 아니에요. 그런데 왜 그러세요? 신경이 예민해지신 것 같아요."

"그래! 그렇다니까!"

그녀는 유령이라도 나타날 것처럼 신경질적으로 문 쪽을 힐끗 쳐다보면서 음성을 높였다.

이윽고 점심 준비가 끝났다. 헤스터의 아버지는 토요일 밤에 모임을 다녀왔지만 평소와 달리 그렇게 기분이 좋아 보이지 않았다.

우울한 표정으로 굳게 입을 다물고 있었다. 헤스터의 어머니는 최대한 소리를 죽이면서 자리에 앉았다.

"우리 가족에게 무슨 일이라도 있는 거예요?"

헤스터가 의자를 뒤로 빼면서 투덜댔다.

"얘기하고 싶은 사람이 없는 것 같네요. 낸시 집에 갈 거예요. 거기는 우리 집과 다르다고요!"

수잔이 못마땅한 눈길을 주면서 단호하게 말했다.

"헤스터 벨 윌슨, 절대 안 된다!"

헤스터의 어머니는 딸에게 정말 화가 날 때는 언제나 성과 이름을 함께 불렀다. 그녀는 예수님의 재림에 관한 이야기 때문에 딸에게 화가 나 있는 상태였다. 집에 와서 마음의 안정을 깨뜨린 것도 따지고 보면 딸 때문이었다.

"부엌에 가서 설거지나 해라. 그게 네가 할 일이야. 오후에 카드놀이를 하러 사람들이 올 거야. 그전에 조리대에 올려둔 얼음물에 레몬을 섞어 놓아라. 아주 열심히 일하고 완벽하게 처리하고 난 뒤에나 낸시에게 가거라."

그녀가 덧붙였다.

"아무튼 여자아이들은 집에 있는 게 좋은 거야. 아버지도 자리를 비켜주면 좋을 텐데."

그녀가 남편 쪽을 슬쩍 바라보고 나서 말했고, 헤스터가 심각하게 대답했다.

"하지만 오후에 카드놀이를 할 때 예수님이 재림하면 어떻게 하죠?"

수잔은 대답하기 전에 잠시 혼란스러운 눈치였다.

"헤스터, 여기서 그런 쓸데없는 소리를 하지 않았으면 좋겠다. 예수님은 오지 않을 거야. 그리고 온다고 해도 상관할 일이니? 나와 관계없는 일이다."

그녀가 거침없이 덧붙였다. 수잔은 별일이 아닌 체했다. 그렇지만 그 뒤에 자리 잡고 있는 불편한 마음마저 어쩌지는 못했다.

헤스터는 급히 설거지를 마쳤다. 접시를 깨뜨리지 않은 것이 이상할 정도였다. 그릇을 닦는데 다시 만드는 것 같은 소리가 났다. 어째서 기분이 좋지 않은 걸까? 자녀를 둔 사람들은 늘 자신이 내켜 하지 않는 일을 다른 누군가에게 시키는 것 같은 느낌이 들었다.

헤스터는 성가대가 불렀던 노래를 부르기 시작했다.

"언제 주님이 오실지 모르니…."

성가대가 아침에 부른 노래가 여전히 귓가를 맴돌았다.

수잔 윌슨은 방에서 옷을 갈아입고 있었다. 온몸이 오싹했다. 헤스터가 부르는 노래가 들리자 이마에 땀방울이 맺혔다.

"헤스터, 말도 안 되는 노래 제발 그만하고 낸시에게나 가거라. 내가 마무리할 테니. 그래야 마음이 놓일 것 같다."

대만족이었다. 부엌에서 나가라는 말보다 더 좋은 말은 없었다. 밖으로 나설 만반의 준비를 하고 있던 헤스터가 의미심장한 웃음을 지었다. 헤스터는 급히 얼굴을 씻고 나서 창가에 놓인 빗을 집어 들어 머리를 손질했다. 앞치마를 벗어두고 뒷문으로 나선 헤스터는 예수님의 재림을 이야기하러 낸시에게 달려갔다.

콜린스가 집의 계단을 조용히 올라가는데 헤스터가 집 앞을 급히 지나쳐갔다.

"세상에! 나도 저런 기운이 남아 있으면 좋을 텐데."

그녀는 헤스터의 빠른 걸음을 보면서 큰 소리로 말했다.

"나도 저런 때가 있었지."

그녀는 기분 좋게 기억을 떠올렸다.

콜린스 옆에는 집에서 기르는 버치라는 개가 있었는데, 주인의 말을 모두 알아들었다는 듯이 꼬리를 흔들었다. 콜린스는 크게 한 번 쓰다듬어주고 세상에서 가장 특별한 개라고 칭찬하고 나서 집 안으로 들어갔다.

콜린스의 집은 넓지 않았지만 부족하지도 않았다. 정말 그림 같은 집이었다. 조그만 거실, 식당, 보통 때 식사를 하곤 하는 보조주방, 두 개의 작은 침실과 욕실이 있었다. 오래된 안락의자에는 콜린스가 무엇보다 소중히 여기는 낡은 성경이 놓여 있었다. 성경은 오랫동안 더할 나위 없는 위로가 되었다. 어느 때든지 우주를 만든 하나님에 관한 깊은 진리를 깨달았고, 이 진리를 소중하게 받아들였다. 하나님에 관해서 깨닫는 만큼 더욱 사랑하게 되었고 더 가까이 나아가게 되었다. 사실 성경은 책 중의 책이었으며 주일 아침에 콜린스의 가슴에 '축복의 소망'을 심어주었다.

점심을 준비하면서 콜린스는 아침에 들었던 설교를 떠올렸다. '대단한 설교였어! 그 내용은 사실일까? 물론 두말할 나위 없이 사실이겠지.' 콜린스는 하나님 말씀에서 그 내용을 찾아 몇 번이고 읽었다. 어째서 사람들은 그것을 알면서도 준비하지 못하는 것일까?

하나뿐인 아들 짐은 제대로 신앙교육을 받았고, 그래서 예수님의 재림을 알고 있었다. 콜린스는 아들을 위해서 수없이 기도했지만 예수님을 제대로 믿지 않았다. 실제로 짐은 루실과 결혼하고 난 이후로 5년간 거의 교회에 참석하지 않았다. 짐은 성품이 좋고 반듯해서 자기의 일생을 하나님께 바치는 주님의 일꾼이 될 것이라고 생각했었다. 남편이 살았더라면 사정이 달랐겠지만 하나님만이 아시는 일이었다.

유니버설은행의 직원들은 어느 날 밤 강도가 들 것이라는 정보를 접하게 되었다. 콜린스는 남편 짐 포드에게 은행에 있으면 안 된다고 만류했지만 그는 무슨 일이 있더라도 사고를 예방하는 게 은행 책임자로서 당연한 일이라고 생각했다. 그리고 정말로 일이 터졌다! 강도와 경찰들 사이에 총격전이 벌어졌고, 짐 포드는 세 발의 총알을 맞았다. 한 발은 팔에, 그리고 두 발은 가슴을 관통했다.

콜린스는 식어가는 남편의 얼굴을 바라보았다. 콜린스는 여전히 희망을 놓지 않았다. 눈물을 흘리며 작게 속삭였다.

"여보, 나중에 만나요."

콜린스는 남편이 하나님의 자녀였고 재물로는 살 수 없는 특별한 존재였다는 게 위로가 되었다.

남편이 세상을 떠난 그날 밤에 텅 빈 커다란 집에 들어선 콜린스는 가슴이 미어졌다. 작은 소리가 들리기만 해도 남편인 것 같았고, 그 모든 일이 악몽이라면 깨어나고 싶었다. 남편의 목소리가 듣고 싶었다.

남편이 큰 집과 안정된 수입을 남겨주기는 했어도 그가 세상을 떠난 이후로 그녀의 삶이 평탄하지는 않았다. 하나님은 어린 아들을 돌봐야 할 막중한 책임을 맡기셨지만 세월이 흐르면서 콜린스는 예수님이 곧 재림하셔서 자기를 남편에게 데려다주실 것이라는 사실이 더 할 수 없는 소망이 되었다.

적지 않은 사내들이 콜린스에게 관심을 보였지만 콜린스는 누구에게도 관심을 보이지 않았다. 아들의 행복보다 더 큰 관심사는 있을 수 없었다.

입학식 때문에 아들 짐에게 옷을 입혀줄 때 대견해했다. 남편이 생존했더라면 역시 자랑스러워했을 것이다. 하지만 그러고 싶어도 불가능한 일이었다. 그것을 결코 인정하고 싶지 않았다. 남편은 훨씬 더 좋은 곳에 있었고, 자신과 아들도 언젠가는 남편을 만나러 가야 했다.

콜린스는 늘 아들을 주일학교에 데려갔고 가정에서 예배를 드렸고 매일 밤 성경을 읽어주었으며 하나님을 섬기는 방식을 가르쳤다. 그리고 하나님을 경외하도록 양육했다.

아들이 고등학교를 마치고 대학에 입학했을 때는 떠나보내기가 쉽지 않았지만 욕심부리지 않았다. 아들이 인생에서 성공할 기회를 잡았다는 것을 알고 있었기 때문이었다.

짐은 대학 3학년 때 루실이라는, 꿈에 그리는 소녀를 만났다. 콜린스는 아들이 혼자 지내는 것을 바라지는 않았지만 루실이 그리스도인이 아니고 아들이 받아온 교육을 받지 못했다는 것 때문에 걱정이 이만저만이 아니었다. 콜린스가 전해 들은 내용에 따르면 루실은 하나님을 믿지 않는 가정에서 성장했다. 콜린스는 아들에게 결혼생활이 순탄치 않을 것이라고 말했지만 나이가 어린 아들은 사랑에 빠져서 무슨 일이든 감당할 수 있다고 생각했다.

"너는 하나님을 의지하고 그분의 인도를 받아야 한다. 분명히 그분은 어딘가에 하나님을 경외하도록 양육 받은 네 배필을 예비해 두셨을 거다."

"엄마, 걱정하지 마세요. 언젠가는 주님을 위해 살게 될 거예요. 두고 보세요. 아내는 언제든지 남편을 따르는 법이잖아요. 기다리세요. 언젠가는 내가 루실과 결혼한 것을 기뻐하시게 될 거라고요."

콜린스는 더 이상의 대화가 무의미하다는 것을 알았기에 가슴이 무거워도 애써 웃음 지으면서 그 사실을 기꺼이 받아들였다.

짐과 루실은 결혼했고, 콜린스는 두 사람의 결혼이 행복해지도록 도움을 주었다. 콜린스는 오랫동안 기거하던 저택에서 길 아래쪽으로 조금 떨어진 작은 집으로 이사했다. 짐이 반대했지만 옛집을 아들과 루실에게 결혼선물로 내주었다. 콜린스는 그렇게 큰 집이 필요하지 않았다.

신앙생활은 짐의 기대와 어긋났다. 자신과 루실은 그것만 제외하고는 모든 게 완벽해 보였다. 그렇지만 콜린스에게는 그보다 더 중요한 일은 없었다.

루실은 시어머니가 다니는 교회에 두 번 참석했을 뿐이지만 남편이 예배드리는 모습을 보고 웃으면서 빈정거렸기 때문에 그 이후로 짐은 루실을 전혀 데려가려고 하지 않았다. 루실은 하나님의 능력을 믿지 않았고 사람들이 소리 내어 기도하는 것을 불쾌하게 생각했다. 콜린스가 참석하는 교회의 교인들은 옛 방식대로 소리 내서 기도했다. 짐은 혼자서 낮 예배에 참석하거나 경우에 따라서는 저녁 예배를 드렸지만 그것도 이내 시들해졌다.

수가 태어났을 때 콜린스는 바느질함을 꺼내어 첫 손녀를 위해서 예쁜 옷을 짓기 시작했다. 아기 덕분에 삶이 더없이 즐거웠지만 짐과 루실이 하나님께 돌아오기를 바라는 마음이 무겁게 그녀의 가슴을 짓누르고 있었다.

수는 세 살이 될 때까지 콜린스가 몇 번 데려간 것을 제외하고는 주일학교에 참석한 적이 없었다. 수는 교회에 가는 것을 아주 즐거워했고 알록달록한 주일학교 출석 카드를 무척 좋아했다. 콜린스는 수가 통통한 손으로 처음 주일학교 출석 카드를 받던 모습이 떠올랐다.

기도하는 콜린스의 볼을 타고 눈물이 흘러내렸다.

"하나님, 수의 아비와 어미를 구원하셔서 주일마다 주일학교에 출석해서 당신에 관해 배울 수 있게 하여 주옵소서. 예수님의 재림이 멀지 않았음을 압니다. 짐과 루실이 당신의 재림을 깨닫고 준비하게 하소서."

콜린스는 식사를 끝내고 설거지를 하고서 평상시처럼 깔끔하게 부엌을 정돈했다. 거실로 가서 이중창 옆에 놓인 안락의자에 앉았다. 멀지 않은 호수에서 시원한 바람이 불어왔다. 벌들이 꿀을 모으느라 소리를 내며 돌아다니고 있었다. 우리는 얼마나 부지런할까? 주님께 드릴 꿀을 준비하고 있는 것일까? 나는 얼마나 많은 사람에게 주님의 재림을 전했을까? 콜린스는 짐과 루실에게 가서 아침에 들은 설교내용을 전하기로 마음먹었다. 루실은 애써 들으려고 하지 않겠지만 재림에 관해 알려주고 준비시키지 않을 수 없었다.

콜린스는 잠시 하나님께 기도하면서 바른말을 할 수 있도록 해달라고 간구했다. 하나님의 영광을 기대하며 기도하면서 너무도 익숙한 오래된 저택을 향해 걸음을 옮겼다.

콜린스가 도착해 보니 루실은 점심준비는 시작할 생각도 하지 않고 있었다. 식구들이 토요일 늦게 잠자리에 들다 보니 아침 식사는 언제나 11시 경이었다.

"얘들아, 그동안 잘 지냈니?"

콜린스가 집 안으로 들어서면서 안부를 물었다.

"저는 괜찮은데, 집사람이 두통이 있어요."

짐이 하품을 하면서 대답했다.

"너무 늦게 자서 그럴 거예요."

수는 할머니를 보자 좋아서 손뼉을 쳤다. 콜린스는 아이를 힘껏 안으면서 발그레한 두 볼에 입을 맞췄다.

"둘 다 오늘 아침 예배에 참석해서 목사님의 설교를 들었어야 했는데. 예수님의 재림에 관해서 내가 들어본 설교 중 최고였단다."

루실의 미간이 좁아지면서 입꼬리가 위로 말려 올라갔다.

"동화 같은 이야기에 누가 관심을 갖겠어요? 책이나 읽고 일요일 아침에 늦게까지 자고 말겠어요."

콜린스의 얼굴이 붉어지자 짐이 루실에게 눈짓했다. 콜린스는 목적을 갖고 찾아왔기 때문에 루실이 빈정거려도 말려들지 않았다.

"정말 대단했다."

콜린스는 아무 일도 없던 것처럼 말을 이어갔다.

"주님이 자기 백성을 위해서 곧 오실 것 같구나."

루실이 끼어들까 봐 숨도 쉬지 않은 채 계속해서 설교 내용을 전했다. 루실은 평소에도 냉담했을 뿐 아니라 누가 주님의 재림에 관해서 이야기라도 하면 무례하게 굴 정도였다.

콜린스가 말을 끝내자 짐은 아무 말 없이 앉아 있었다. 그의 얼굴이 아주 창백해졌다. 루실은 잠시 콜린스를 노려보다가 섬뜩한 웃음을 터뜨렸다. 거의 통제가 되지 않을 정도로 웃어댔다.

"그만두지 못해! 그만두라고!"

짐이 큰 소리로 외쳤지만 루실은 더욱 크게 웃어댔다. 짐이 루실의 어깨를 잡고 심하게 흔든 뒤에야 겨우 조용해졌다. 루실은 일어선 채 화를 참을 수 없는 눈빛으로 콜린스를 쏘아보며 말했다.

"제가 들어본 말도 안 되는 이야기들 가운데 최고였어요. 이곳까지 와서 어머니가 참석하는 낡아빠진 광신적인 교회에 나오라고 겁을 주실 필요는 없잖아요! 관심 없어요! 아시겠어요? 그곳에서 벌어지는 일에 대해서 조금도 관심이 없다고요. 교회에 나가더라도 어머니가 참석하는 교회의 정신 나간 사람들과는 어울리고 싶지 않아요. 어머니의 인생과 저는 달라요!

목사라고 하는 사람이 그런 식으로 언제든지 공중을 날아다닐 수 있다고 생각하게 만들었나보죠? 모두 정상이 아니에요! 저는 어머니가 지적인 분이라고 생각했어요. 이제 보니 광신적인 신앙을 갖고 있네요. 하지만 제 남편의 어머니가 그렇게까지 어리석을 것이라고는 생각하지 못했어요!"

"여보!"

짐이 버럭 소리를 질렀다.

"우리 어머니라는 것을 잊었어? 우리 집에서 이런 식으로 어머니를 모욕하면 더 이상 참지 않겠어!"

콜린스가 부드럽게 입을 열었다. 짐은 그 누구도 그렇게 말할 수 없을 정도로 부드러운 음성이라고 생각했다.

"내버려 둬라. 이해한단다. 이 아이는 너나 나처럼 하나님의 진리를 배워본 적이 없어서 성경이 이런 일들에 대해 말하는 것을 알지 못하는 거다. 자신이 알고 있는 모든 것을 포기하게 되면 더 잘 이해하게 되겠지."

"정말이세요?"

루실이 분노를 드러냈다.

"남편이 받은 교육을 제가 못 받았다고요! 가정교육이라고 한다면 어느 것도 뒤지지 않아요. 제 부모님은 생각이 있고 충분히 교육

받은 분들이라서 그런 광신적인 이야기를 믿지 않으신다고요. 어느 날, 아침에 일어나 보니 모두 사라지고 없더라도 저는 믿지 않겠어요. 사람들이 사라질 거라고요! 휴거라고요!"

루실이 비웃었다.

"어머니가 사라지시면 신문 1면에 실릴 거예요. 기사가 어떻게 실릴지 눈에 보이네요."

콜린스는 루실을 바라보면서 불행히도 하나님을 안 믿는 부모 손에 성장한 며느리를 걱정하는 마음으로 귀를 기울였다. 며느리의 불신앙을 깨뜨려버릴 수 있는 무엇이 필요했지만 시도해도 찾을 수 없었다. 어떻게 해야 할까? 답이 없었다.

"사람들이 사라지게 된다거나 하나님에 대한 말씀은 이제 두 번 다시 하지 마세요!"

루실은 명령을 내리듯 말했다.

"제게 휴거에 대해서 더 이상 말씀하지 마시라고요. 아시겠어요? 그리고 다른 사람들에게도 그런 터무니없는 말씀은 하지 마세요. 시어머니가 무식하게 어린애처럼 굴고 있다는 말을 친구들에게 듣고 싶지 않아요. 그 애들은 나를 끝없이 놀려댈 거예요. 나는 감당하지 못해요. 언제든지 집에 오시는 것은 환영하지만 제발 들어오시기 전에 그런 생각들은 하수구에 버리고 오세요. 더 이상 성경과 하나님에 관한 이야기는 그만하시고요. 제 나름대로 올바르게 살고 있다고 생각하니까요."

루실이 두서없이 떠드는 동안 콜린스는 눈물을 참고 싶었지만 그럴 수 없었다. 눈물이 볼을 타고 흘렀다.

루실이 안정을 되찾자 세 사람은 한동안 말없이 자리에 앉아 있었다. 이윽고 콜린스가 돌아가려고 자리에서 일어섰다. 아들과 손녀가 문까지 따라 나왔다.

"어머니, 죄송해요. 루실은 누구든지 교회나 하나님에 대해서 말하기만 하면 흥분하네요."

"알고 있어."

콜린스는 지친 음성으로 대답했다. 힘이 모두 빠져나간 것 같았다. 짐은 어머니가 집에 오기 전보다 더 늙어 보였다.

"어미 앞에서는 더 이상 그 이야기를 꺼내지 않으마. 하늘에 계신 아버지께 무릎을 꿇고서 그 아이를 위해 기도할 거란다."

콜린스가 소리를 낮춰서 말했다.

"루실에게 끌려가서는 안 된다. 예수님의 재림이 머지않았단다. 많은 사람이 루실과 비슷하다는 것을 알고 있어. 그들은 받아들이지 않지만 성경에는 마지막 날에 사람들이 자신들의 욕심을 좇느라 '재림의 징조가 어디 있느냐?'고 조롱하게 될 것이라고 기록되어 있단다. 어느 날 아침, 일어나 보니 이 귀여운 아기가 사라지고 우리 집에 와 보니 나 역시 없어졌다면 슬프지 않겠니? 휴거가 일어나고 네가 거듭나지 않으면 일어날 수 있는 일이란다. 분명히 너 혼자 남겨지게 될 거란다."

짐이 부드럽게 콜린스에게 손을 얹으며 말을 받았다.

"그만 하세요, 어머니. 어머니께서 올바른 길로 이끌어주셨다는 것을 알아요. 교회에 빠지지 않고 하나님께 헌신할게요. 정말이에요."

"고맙다. 그러면 루실을 주님께 인도할 수 있을 거다."

콜린스가 허리를 굽히자 수가 작별 입맞춤을 했다.

짐과 루실은 콜린스가 돌아가고 난 뒤에 격렬한 말다툼을 했다. 그러고 나서 짐은 거실에 앉아 신문을 들척였고 루실은 침실에서 소리 없이 눈물을 흘렸다.

콜린스는 천천히 길을 내려오면서 구원의 방주 밖에 있는 많은 친구와 사랑하는 사람들을 떠올렸다. 그들을 주님께 인도하기 위해, 영향력을 미치는 삶을 살기 위해 최선을 다하지 않을 수 없었다.

2.
준비되었는가?

헤스터는 낸시의 집으로 이어지는 뒷골목을 달려가면서 몇 번이고 반복했다.

"예수님이 오늘 오실지도 몰라. 예수님이 오늘 오실지도 모른다니까."

반복하면 반복할수록 예수님의 재림이 임박했다는 게 더욱 실감 났다. 헤스터는 헨리 소이어가 보이자 고개만 끄덕이고 급히 지나쳤다. 헨리는 몸을 돌려 바라보면서 알 수 없다는 표정을 지었다.

"무슨 일이 있는 걸까? 헤스터가 왜 저럴까?"

마음에 들어 하지 않는 말투였다.

헤스터는 낸시의 집에 수없이 드나들면서도 노크해본 적이 없었다. 그냥 문을 열고 급히 들어서면서 불쑥 말했다.

"예수님이 재림하실 거야!"

"헤스터 벨 윌슨, 무슨 일이야? 무슨 말을 하는 건데?"

낸시가 목소리를 높였다. 이때까지도 헤스터는 흥분을 가라앉히지 못했다. 헤스터는 눈을 동그랗게 뜨고서 예수님의 재림에 관한 소식을 실감 나게 낸시에게 전했다. 설거지를 하고 있던 낸시가 접시를 떨어뜨리는 바람에 산산조각이 났다. 헤스터가 이야기를 끝낼 즈음에 낸시의 두 눈에 눈물이 맺혔다.

"낸시, 왜 그러는데?"

격렬한 반응 때문에 잠시 놀란 헤스터가 물었다.

"나는… 나는 아직… 준비가 되지 않았어."

낸시는 제대로 말을 잇지 못했다.

"하지만 준비할 시간은 있어."

헤스터는 대답하면서도 자신이 그렇게 말할 수 있다는 게 믿어지지 않았다. 낸시에게 자신이 알고 있는 준비 과정에 대해서 모두 일러주었다. 낸시는 그렇게 해서 헤스터와 함께 저녁에 교회에 가기로 결심했다.

헤스터가 점심을 먹고 집에서 나간 뒤에도 수잔은 여전히 마음을 수습하지 못하고 있었다. 수잔은 오래전에 들었던 이야기이고, 지금까지도 일어나지 않은 일이니 두려워할 필요가 없다고 스스로에게 말했지만 불편한 마음은 여전히 사라지지 않았다. 울음이 시작되자 멈출 수 없었다. 신경이 곤두서서 그렇다고 생각하려고 했지만 그것도 별다른 효과는 없었다. 결국 안정을 되찾자 찬물로 얼굴을 닦고 간단하게 화장을 했다. 초인종이 울렸다. 수잔은 즐거운 오후 시간을 보내게 될 것이라고 기대하면서 기쁘게 첫 손님을 맞았다.

친구들이 모두 도착해서 카드놀이가 시작되자 수잔은 쾌활하고 즐겁게 잡담을 나누고 아무것도 아닌 일에 웃음을 터뜨렸다. 그렇지만 그 모든 일에도 꺼림칙한 기분은 사라지지 않았다.

"수잔, 담배 어때?"

윌마 반즈가 물었다.

"생각 없어."

"그럼, 술은? 남편이 아끼는 술을 가져왔어. 없어진 걸 알면 그냥 넘어가지 않을 거야! 자, 조금 마셔봐."

"됐어! 전혀 술 마실 기분이 아니거든!"

수잔은 자기를 못마땅하게 여기는 사람이 있는 것처럼 창과 문쪽을 바라보면서 신경질적으로 대답했다.

"우리에게까지 무게 잡을 생각인 것 같아, 그렇지?"

조이스 메이슨이 방 건너편에서 끼어들었다. 수잔의 얼굴이 갑자기 붉어졌다. 자신은 지금까지 친구들에게 괜찮은 사람으로 인정받아왔는데, 지금 헤스터가 교회에서 듣고 온 휴거에 관한 설교 때문에 평판이 구겨지고 있었다. 수잔은 딸아이가 집에 와서 어린 시절에 친정어머니가 들려준 이야기를 떠올리게 하고, 그래서 두려움에 사로잡히는 바람에 정신이 아득해졌다고 생각했다. 심판이 바로 있을 것 같은 기분이 들었다. 일요일 오후는 즐기는 시간이었다. 그런데 파티의 주인공 수잔 윌슨이 얌전히 앉아 있었다. 그러지 않으려고 했지만 딸의 이야기가 떠나지 않았다.

'엄마, 예수님이 재림하신다고요!'

자신이 잘못될 수 있다는 생각이 들 때까지 그 말은 계속해서 머릿속을 들쑤셔대고 있었다.

윌마가 앞으로 몸을 숙여 수잔을 가까이 바라보며 말했다.

"수잔 윌슨, 얼굴이 왜 그렇게 창백하니? 그러다가 꼭 쓰러질 것 같아. 물이라도 한 잔 마시지 그러니?"

윌마가 물을 가지러 가려고 하자 수잔이 손을 들어서 괜찮으니 자리에 앉으라는 신호를 보냈다.

"물은 필요 없어! 나는 괜찮아. 담배와 술을 먹지 않는다고 해서 내가 죽기라도 한다는 거야? 이번만은 그냥 내버려 둬! 알았어?"

수잔의 음성이 신경질적으로 커지자 윌마의 얼굴이 완전히 붉어졌다.

"그렇다고 화를 낼 필요는 없잖아."

윌마가 빈정댔다.

"챙겨주고 싶었는데, 요즘 사람들은 챙겨줘도 고마워하지 않는다니까."

"그만!"

밀드레드 위너트가 끼어들었다.

"서로 감정을 상해서 오후를 망치지 말자고! 수잔, 이리 와서 편하게 카드놀이나 하지."

"더 이상 하고 싶지 않아. 내게 문제가 있는 게 아니야. 윌마, 기분 나빴으면 용서해. 내가 사정을 말하면 완전히 정신이 나갔다고 말할 거야. 내가 신경이 예민해져서 그렇다고 생각했지만 그냥 넘어가기가 쉽지 않아."

사람들의 이목이 한쪽으로 쏠렸다. 소문을 좋아하는 사람도 쉽게 파악할 수 없는 이야기 같았다.

"수잔, 계속해봐."

수잔이 망설이자 밀드레드가 부추겼다.

"우리에게 모두 털어놓으라니까. 우리만 한 친구들이 어디에 있어. 안심해도 돼."

"당연하지."

이제는 기분이 풀어진 윌마가 맞장구를 쳤다.

"좋아, 사실은 헤스터가 교회에서 돌아오기 전까지는 기분이 나쁘지 않았어."

"그러니까 헤스터 때문이네."

윌리 메이 램이 끼어들었다.

"요즘 아이들은 어디를 가나 말썽뿐이라니까."

"사실은 헤스터 잘못 때문은 아니야."

수잔은 헤스터에게 책임을 일부 떠넘긴 게 떠올랐다.

"점심을 준비하는데 헤스터가 급히 와서 말하는 거야. '엄마, 예수님이 재림하신다고요!' 그 말을 들으니 온몸에서 기운이 빠져나가는 거야. 물론 그런 터무니없는 말은 하지도 말라고 주의를 주었지. 그런데 이 아이가 오늘 아침에 들은 재림에 관한 설교에 푹 빠져 있는데 나도 어쩔 수 없을 지경이었어. 자신도 어쩌지 못하고서 있는 그대로 털어놓은 거야. 우리 아이가 여기서 나 대신 말해주면 좋겠지만 흥분한 목소리로 그 일이 곧장 일어날 일처럼 느끼게 하면서 계속 떠들어대는 것을 듣고 싶지는 않았어."

친구들이 이야기에 넋을 놓고 있는 동안 수잔은 하나님의 아들이 재림한다는 설교 내용을 간단히 소개했다. 수잔은 결론을 맺기에 앞서 잠시 말을 멈추고 일일이 표정을 살폈다. 일부에게는 이 이야기가 전혀 새로울 게 없었다. 동화처럼 들렸을 것이다. 나머지 사람들은 그 덕분에 어린 시절에 하나님 말씀을 존중하고 신뢰하도록 교육받았던 오래된 기억을 떠올렸다. 그들은 엄청난 두려움에 휩싸였다. 숨이 가빠지고 머릿속이 혼란스러웠다.

"우리 모두 알고 있는 것처럼 유대인들이 성지를 지배하고 있잖아. 하나님은 때가 되면 그들을 다시 불러 모으겠다고 약속하셨고, 그대로 지키신 거라고."

수잔이 말을 마치자 친구들은 말을 잇지 못하고 서로를 바라보았다. 시간이 멈추고 벽난로 위에 놓인 시계추가 움직이면서 소리치는 것 같았다.

"주님이 재림하신다! 주님이 재림하신다! 주님이 재림하신다!"

수잔의 음성이 커졌다.

"내가 제정신이 아니라고 할지 모르겠지만 그 이야기가 떠나지를 않아! 혼자 있는 게 무섭고 하루 종일 누군가를 기다리고 있는 기분이라니까."

그때 현관 쪽에서 인기척이 들렸다. 찬물을 끼얹은 듯이 모두 갑자기 입을 다문 채 자리에 앉아서 기다렸다. 물론 자신들이 기대하지 않는 일이라는 것을 알고 있었다. 무덤처럼 조용했다.

현관 손잡이가 서서히 돌아가면서 문이 열렸다. 프랭크 윌슨이 집 안으로 들어서는 순간 모두 깜짝 놀라서 의자 뒤로 몸을 빼고, 당황해서 어쩔 줄 몰라 했다.

"여기서 뭐 하고 있는 겁니까? 다들 마치 내가 죽었다가 되돌아온 것 같은 표정들이군요."

"별일 아니에요."

수잔이 애써 아무렇지도 않은 표정을 지으면서 대답했다.

"당신이 문을 갑자기 여는 바람에 깜짝 놀라서 그래요. 누가 들어올 거라고 생각하지 않았거든요. 다음에는 조용히 들어오세요."

프랭크는 투덜대며 계단을 통해서 자기 방으로 올라갔다.

윌마가 입을 열었다.

"그런데 수잔, 네 말을 들으면서 생각해보았는데 지금까지 들은 이야기가 하나도 믿어지지 않아. 네가 그렇게 부담스러워하는 게 사실과 다르다는 게 아니라 네가 초조해하기 때문이야. 언젠가 텔레비전에서 어떤 살인자를 다룬 프로그램을 볼 때 누군가 구석 어딘가에 숨어 있다가 튀어나올 것 같은 기분이 들었는데, 그런 감정도 서서히 사라지더라니까. 이번 일도 마찬가지야. 누군가 겁을 주

려고 꾸며낸 이야기일 거야. 그런 이야기는 두 번 다시 신경 쓰고
싶지도 않아."

월마는 손으로 더는 이야기할 필요가 없다는 동작을 해 보이더
니 모든 게 해결되었다는 듯이 어깨를 으쓱했다. 더 이상 모임은 불
가능했다. 몇이 서둘러 분위기를 띄워보려고 노력했지만 사라진 흥
을 회복하기는 쉽지 않았다.

손님이 모두 돌아가자 수잔은 집 안을 둘러보고는 계단 쪽으로
귀를 기울였다. 코 고는 소리가 들리는 것으로 봐서 프랭크가 깊은
잠에 빠져 있다는 것을 알 수 있었다. 안도의 숨을 내쉬며 책상으로
다가가서 맨 밑 서랍에 누렇게 변한 낡고 오래된 성경을 꺼냈다. 어
머니가 남겨준 성경을 읽어본 것은 꽤 오래전 일이었다. 예수님의
재림을 알리는 구절마다 표시가 되어 있었는데, 수잔은 그것들을
찾아서 일일이 읽어 내려갔다. 가슴이 더 무거워졌다. 사실은 성령
이 그녀를 장악해가고 있는 중이었다. 요한계시록을 펴고 읽기 시
작하자 더 큰 공포가 엄습했다. 그리스도의 신부인 교회가 들려 올
라간 이후에 벌어지게 되는 엄청난 일들은 생각만 해도 두려웠고,
그것을 경험하는 것은 더 그랬다.

"이건 동화가 아니야."

수잔의 음성이 커졌다.

"월마가 뭐라고 말하든 상관하지 않겠어. 하나님이 직접 말씀하
신 게 분명해."

한동안 수잔은 초점이 맞지 않는 눈으로 요한계시록의 내용을

내려다보면서 생각에 잠겼다. 하나님을 위해서 살아야 한다는 것을 알고 있었다. 그리고 무엇보다 친정어머니가 자신에게 교육시킨 것처럼 헤스터 벨이 하나님을 경외하도록 양육했어야 했다. 헤스터는 어머니의 기도 소리를 한 번도 들어본 적이 없었고 가정에서 예배드리는 게 무엇인지 알지 못했다. 수잔은 가까운 장래에 교회에 참석하기로 결심했다.

6시 30분에 헤스터가 돌아왔는데, 흥분이 가시지 않아서 여전히 얼굴이 불그레했다. 헤스터는 만나는 사람마다 그날 아침에 페어뷰교회에서 들었던 설교 내용을 들려주었다. 동네 사람들 가운데는 그 교회를 그리 내켜하지 않는 이들도 있었다. 그 사람들은 보혈로 구속을 받아야 한다고 설교하는 것은 낡은 방식이라고 생각했다.

"그게 문제야."

패트 러브맨이 비웃었다.

"이렇게 광신도처럼 설교를 하니 피가 흥건한 도살장식 종교라는 말을 듣는 것 아니겠어!"

앨러배스터 지역의 다른 교회들도 예수님의 보혈을 설교하고 찬양했지만 그뿐이었다. 그 교회들은 보다 '교양 있는' 방식으로 가르쳤고, 하나님 말씀을 있는 그대로 믿는 사람들을 무시했다.

페어뷰교회는 대부분의 사람에게 비웃음을 샀지만 하나님 덕분에 축복받고 부흥하고 있었다. 일부는 교인들을 '광신자 집단'이라고 부르기도 했지만 여전히 하나님 말씀의 근본적인 교훈을 고수했고, 대다수의 교인은 거룩한 삶을 살았다. 물론 그 가운데는 바르게 살고 있다고 자처하는 사람도 일부 있었다. 어느 교회든지 그런 사람은 있기 마련이었다. 교회에 위선자들이 끼어 있다고 해서 그것이 하나님을 위한 삶을 살지 않거나 거룩하신 하나님을 섬기지 않는 핑계가 될 수는 없다.

헤스터는 출석하는 교회를 부끄러워하지 않았다. 누구도 헤스터에게 페어뷰교회에 대해서 싫은 소리를 하지 않는 편이 나았다. 그랬다가는 한 소리를 들을 수도 있었다. 정식 교인은 아니었지만 언젠가는 그 자리에 끼고 싶어 했다.

"오늘 저녁에 설교를 들으러 교회에 가실래요?"

헤스터가 어머니에게 물었다. 수잔은 '그러고 싶다'고 말하고 싶었다. 그렇지만 마음속에서는 오늘 밤에 교회에 참석하고 싶지 않다는 온갖 어둠의 목소리와 싸움이 벌어지고 있었다. 나중에도 가능한 일이었다. 교회에 나가기 시작할 기회는 충분했다. 약간 머리가 아팠는데, 그것만으로도 핑계는 충분했다.

"오늘은 가고 싶지 않구나."

수잔이 바로 대답했다.

"네가 듣고 와서 모두 들려주면 되잖니."

"하지만 점심때만 해도 제 말을 듣고 싶어 하지 않았잖아요."

"그랬을지 모르지만 생각은 바뀔 수도 있는 거잖니?"

마침내 헤스터는 모든 준비를 마쳤다. 낸시가 정말 함께 갈 수 있을지 궁금해하면서 시계를 들여다보는 순간 문을 열고 들어서는 소리가 들렸다.

"헤스터 벨, 나 왔어. 준비됐니?"

낸시가 왔다.

"물론이지. 서두르지 않으면 앉을 자리가 없을 거야."

두 사람은 나란히 페어뷰교회로 향했다. 수잔은 창가에서 그들을 내려다보면서 같이 갔더라면 좋았을 거라고 생각했다.

헤스터와 낸시가 도착해 보니 교회는 거의 발 디딜 틈이 없었다. 낸시는 교회에 그렇게 많은 사람이 모여 있는 게 놀라웠다. 자신이 참석하는 교회는 교인들이 가족과 함께 시간을 보낼 수 있도록 주일 저녁에는 모이지 않았다.

"우리 교회는 항상 주일마다 사람이 이렇게 많아."

헤스터가 말했다.

"모두 자리를 차지하기 전에 앉는 게 좋겠어. 항상 주일 저녁에는 서 있는 사람이 많아."

낸시는 교인들을 둘러보면서 자신이 참석하는 교회가 페어뷰교회 같으면 좋겠다고 생각했다. 사람들은 모두 솔직했고 친절했다. 자리가 가득 차자 교회학교에서 의자를 더 가져왔다.

첫 번째 찬송이 시작되자 낸시는 이 교회가 자신의 교회와 전혀 다르다는 사실을 실감했다. 지금껏 그토록 감동적이고 놀라운 찬송을 들어본 적이 없었다. 하늘에서 들려오는 찬송 같았다. 찬송가를 부르는 사람들은 정말 거룩하게 보였다. 하나님의 영광이 빛나는 그들의 얼굴은 경건했지만 낸시는 무엇 때문에 그런 것인지 알지 못했다. 성가대가 '여기가 나의 천국이니' 라는 찬양을 하자 낸시는 깊게 숨을 들이마셨다. 처음으로 찬송의 진정한 의미를 깨닫게 된 것이었다.

찬송과 기도, 그리고 간증이 있고 난 뒤에 리오 매스퍼로 목사가 강단에 서서 '대환란' 을 주제로 설교하기 시작했다. 헤스터 벨과 낸시는 목사가 요한계시록에서 휴거를 받지 못 한 사람들이 겪게 될 두려운 일들을 소개하자 그 자리에 얼어붙었다. 낸시는 거의 자신의 귀를 의심했다. 성경에 그런 내용이 있다고는 생각하지도 못했었다. 자신이 다니는 교회의 목사는 그런 설교를 한 적이 없었고 휴거라는 말은 꺼내지도 않았다.

심장에 냉기가 스며드는 듯했다. 그 목사가 정말로 구원받았는지, 헤스터가 오후에 들려주었던 것과 같은 거듭남의 경험이 있는지 궁금했다. 헤스터가 소개한 것과 달리 자기 교회에서는 사람들에게 구원의 초대를 하지 않았다. 목사는 늘 교회에서 교제를 나누고 싶으면 앞자리로 나와서 앉으라고 말했지만 헤스터에 따르면 그것으로는 누구도 구원받을 수 없었다. 매스퍼로 목사가 성경 구절을 읽지 않았더라면 낸시는 그의 설교가 성경에 근거한 것이라고 생각하지 못했을 것이다. 너무 환상적이었다.

마침내 설교가 끝나고 구원의 초대 시간이 되었다. 낸시가 보기에 수많은 사람이 거의 강단을 향해서 달려가는 것 같았다. 엄청난 두려움이 전체 회중을 사로잡고 있었고, 사람들은 눈물을 흘렸다. 낸시는 몸이 떨렸다. 자신이 예수님의 재림을 맞이할 준비가 되지 않았다는 생각이 들자 뜨거운 눈물이 앞을 가렸다.

작고 조용한 음성이 강단 쪽으로 나가도록 부추겼다. 낸시는 헤스터 벨을 슬쩍 바라보았다. 헤스터는 조각상처럼 서 있었다. 낸시는 그녀의 내부에서 벌어지는 엄청난 싸움을 거의 눈치채지 못했다.

"함께 앞으로 가자."

낸시가 목소리를 낮추면서 말했다.

헤스터는 초점이 맞지 않는 눈으로 허공을 응시했다. 낸시의 말을 들었지만 강단 쪽으로 나가고 싶은 마음을 힘겹게 억누르면서 관심이 없는 것처럼 행동했다. 오늘 밤에는 생활 방식을 바꿀 준비가 되어 있지 않았다. 다른 때 구원의 초대에 응하고 싶었다.

낸시는 계속 기다렸지만 초대에 응하지 않으면 죽을 것 같았다. 있는 힘을 다해서 사탄의 손아귀를 뿌리치고서 통로를 거쳐 강단 쪽으로 달려갔다. 그리고 손을 들고 머리를 하늘을 향해서 든 채 하나님께 마음을 쏟았다. 헤스터 벨도 낸시의 모습을 보고서 그쪽으로 가려고 했지만 오늘 밤만은 그럴 수 없었다.

사람들이 강단 앞에 모였다. 누군가 옆에서 무릎을 꿇고서 구원을 받는 데 필요한 절차를 설명해주었다. 낸시는 계속 눈물을 흘리면서 그리스도를 통해 자신의 죄를 씻어달라고 하나님께 부르짖었다. 결국 죄의 짐이 사라진 것 같은 느낌이었다. 자신의 영혼을 구원한 하나님을 찬양하자 전에 없었던 행복과 자유가 느껴졌다.

헤스터와 낸시는 거의 말없이 집을 향해서 걸었다. 헤스터 벨은 하나님께 마음을 고백하지 못했다는 생각 때문에 몹시 착잡했다.

하지만 잠시 전에 하나님의 지성소에 들어간 낸시는 구름 위를 떠다니고 있었다. 아주 생소하고 새롭고 놀라운 일이었다. 너무 거룩하고 신성해서 누구도 말을 걸지 않아도 관심이 없었다. 사실 낸시는 자신의 경험을 소중히 간직하고 싶어서 그 누구와도 말하고 싶지 않았다.

둘은 헤스터의 집 앞에서 헤어졌다. 한 사람은 아주 즐거웠고, 나머지 한 사람은 납처럼 무거웠다. 헤스터는 낸시가 미끄러지듯 길을 가고 있다고 생각했다. 내일 무슨 일이 벌어질지 알지 못했다. 헤스터는 세상을 떠나기 전까지 이 밤을 수없이 돌이키게 되리라는 것을 결코 생각하지 못했다.

헤스터가 천천히 계단을 통해 집 안으로 들어서는데 메리 콘웨이의 얼굴이 떠올랐다. 메리는 헤스터가 페어뷰교회에 참석하기 훨씬 전부터 그 교회에 다니고 있었다. 메리는 누구보다 훌륭하고 도덕적인 삶을 살았지만 진정한 그리스도인은 아니었다. 그녀의 부모는 모두 하나님의 대단한 일꾼들이었다. 헤스터는 자신도 메리처럼 부모님이 훌륭한 그리스도인이라면 확실하게 주님을 위한 삶을 살 수 있을 거라고 생각했다. 메리 역시 헤스터처럼 언젠가는 주님을 따르겠지만 오늘 밤은 아니라는 생각에 뒤로 물러나 있었다.

마침내 헤스터는 어떻게 해야 예수님의 재림을 바로 준비할 수 있는지를 생각하면서 잠자리에 들었다. 한동안 뒤척이다가 결국 꿈속에서 푸른 풀밭과 아름다운 나무를 보았다. 그것은 지상에서 맛본 마지막 평안이었다. 헤스터의 꿈은 이내 혼란으로 바뀌고 있었다.

3.
도대체 그들은 어디로?

루실은 밤사이에 몸이 좋지 않았다. 수는 계속 울어대면서 보챘다. 짐 역시 몇 시간 동안 잠도 못 자고 깨어 있었다. 루실이 이따금 통증이 심해지는 바람에 짐은 집에 있는 여러 가지 약을 가지고 완화시키려고 노력했다. 가끔 아이 방으로 가서 수의 상태를 점검하기도 했다.

밤이 영원히 지속될 것 같았지만 마침내 날이 밝았다. 6시 무렵이 되자 수의 울음소리가 그쳤다. 짐은 루실을 돌보느라 정신이 없어서 아기의 울음소리가 잠잠해지고 나서는 확인하지 못했다.

루실의 통증은 시간이 지날수록 더욱 심해져 갔다. 짐은 어젯밤 일찍 어머니에게 부탁할 수도 있었지만 잠자리를 방해하고 싶지 않았고, 일요일 오후에 루실이 무례하게 군 탓에 그럴 수도 없었다.

물론 어머니가 올 수도 있었다. 어머니가 루실을 미워한다고는 생각하지 않았다. 그럼에도 루실이 요청하기 전까지 그러고 싶지 않았다. 그녀는 아플 때마다 늘 어머니를 찾았고, 그래서 짐은 얼마 지나지 않아서 루실이 어머니를 청하게 될 것이라고 생각했다. 짐에게 어머니가 환자를 돌보는 방법을 아시는 분이라고 말한 것도 여러 번이었다.

"지금 몇 시예요?"

"일곱 시쯤 되었을 거야."

짐이 침대 쪽으로 다가가며 대답했다.

"어머니를 모셔오는 게 좋겠어요. 통증이 너무 심해요."

루실이 힘없이 말했다. 결국 루실의 입에서 짐이 기대했던 말이 나오고 있었다.

"그래. 다녀올게."

모자를 집는 순간 루실이 소리쳤다.

"서둘러요. 정말 아파요. 어머니는 방법을 알고 계실 거예요."

짐은 문이 닫혀 있는 수의 방을 그냥 지나쳤다. 아이 방을 들를 수도 있었지만 루실이 너무 아파서 서둘러야 했다. 짐이 그렇게 골똘하게 생각하지 않았다면 맞은 편 골목에서 신문팔이 소년이 외치는 소리를 들었겠지만 눈길을 주지도 않고 지나쳤다.

지금은 어머니가 잠자리에서 일어났고, 살림살이는 빈틈없이 정돈되어 있을 것이다. 어머니는 이중창 앞에 놓인 안락의자에 앉아서 자신이 어린 시절부터 익숙했던 성경을 읽고 있을 것이다. 어머니는 분명히 이른 아침마다 하는 기도를 마쳤을 것이다. 그는 기도하는 어머니를 둔 게 너무 자랑스러웠다. 희끗희끗한 머리를 숙이고 성경을 읽는 어머니의 모습이 떠올랐다.

집이 보였지만 어머니는 창가에 없었다. 짐은 루실이 몸져누운 마당에 어머니까지 아프지 않기를 바랐다. 현관에 도착하자마자 어머니를 찾았다.

"어머니!"

집 안에 들어서기도 전에 어머니를 불렀다. 어린 시절부터 몸에 밴 습관이었다. 루실이 가끔 핀잔을 주면서 그답지 않다고 해도 언제나 옛 습관을 버리지 못했다.

"어머니! 어머니!"

아무 인기척도 없었다. 짐이 그렇게 서두르면서 어머니가 몸져누운 것은 아닌지 염려하지 않았더라면 이상한 방 안 분위기를 눈치챘을 것이다.

식당과 부엌을 오가며 어머니를 찾았다.

"어머니! 어디에 계세요?"

눈을 찡그리며 부엌문을 통해서 정원을 확인하다가 퍼뜩 어머니가 편찮으면 침실에 누웠을 것 같았다. 어째서 그 생각을 더 일찍 하지 못한 것일까?

침실로 달려갔다. 어머니는 그곳에 없었다. 누군가 잠자리를 준비하다가 시트만 깔아놓은 것처럼 보였고, 담요는 절반만 침대에 걸쳐 있었다.

짐이 정신없이 방을 뒤졌지만 소득은 없었다. 갑자기 어머니가 어제 한 말이 생각났다. 누군가 비수로 심장을 찌르는 것 같았다.

"우리 집에 와 보니 나 역시 없어졌다면…."

"안 돼!"

짐이 소리쳤다.

"오, 하나님! 그럴 수 없어! 어떻게 감당하라고!"

그러고는 공포를 억누르면서 크게 외쳤다.

"잠을 못 자서 정신이 이상해졌어!"

짐은 확신하지는 못했지만 '휴거가 일어났다! 휴거가 일어났다!'는 말이 계속 머릿속에서 맴돌았는데, 그 말을 멈추면 정신을 잃을 것 같았다.

짐은 갑자기 방 안에서 이상한 기운을 느꼈다. 그리고 침대 옆을 보니 어머니의 옷과 안경이 놓여 있었다. 지독하게 찬 기운이 등을 타고 올라오면서 목을 조르는 것 같았다.

"안 돼! 안 돼! 그럴 수 없어!"

목이 메었다.

"믿을 수 없어! 어머니는 가실 수 없다고!"

그의 음성이 애원으로 바뀌었다.

"오, 하나님! 휴거가 일어난 게 아니라면 당신 편에 서겠습니다. 맹세합니다."

눈물이 앞을 가려서 방안이 보이지 않았다.

"휴거가 일어나지 않았다면 이번 주 예배에 참석해서 제 삶을 바치겠습니다.”

어떤 강력한 자력이 짐을 침실로 끌어당기는 것 같았다. 탁자 위에 어머니의 검은 성경이 놓여 있었다. 펼쳐져 있는 성경을 보니 밑줄이 그어진 구절이 눈에 들어왔다.

“이러므로 너희도 준비하고 있으라. 생각하지 않은 때에 인자가 오리라.”

마태복음 24장 44절이었다. 이마에 식은땀이 맺혔다. 그가 울부짖었다.

“휴거가 일어난 거야! 휴거가 일어났어! 오, 하나님! 휴거가 일어났는데 나는 남아 있다니! 어머니는 떠나셨어!”

그는 눈물을 흘리다가 바닥에 주저앉아 주님을 생각하면서 구슬피 울었다. 얼마나 오래 기도했는지 시간을 가늠할 수 없을 정도였다. 어머니가 기르는 개 버치가 현관문을 긁어대면서 킁킁거리는 바람에 어쩔 수 없이 그쪽으로 다가갔다.

천천히 문을 열고는 무릎을 꿇고 팔을 뻗어서 버치의 목을 안고 소리 내어 울었다.

“버치야, 어머니가 가셨다! 어머니가 가셨단 말이다!”

버치는 알고 있다는 듯이 차가운 코를 짐의 얼굴에 대고 비볐다. 무슨 생각이 떠올랐는지 그가 갑자기 일어섰다. 미친 듯이 마당을 가로질러서 대문으로 뛰어나갔다.

“안 됩니다! 절대 안 됩니다!”

짐은 쉬지 않고 말했다.

"하나님께 기도합니다. 우리 아기를 데려가지 말아주세요! 어머니를 데려간 것으로 족합니다. 수는 안 됩니다. 우리 아기 아닙니까! 우리 아기란 말입니다!"

두 다리는 생각처럼 빨리 움직이지 않았다. 아직 잠에서 깨지 않은 걸까? 꿈에서는 달리기를 해도 움직일 수 없었다. 이게 무서운 꿈은 아닐까? 짐은 6시 이후로는 수의 울음소리를 듣지 못했다. 길을 달리고 있는 그의 머리에서 온갖 생각이 난무했다. 바람 때문에 머리카락이 심하게 찔러댔지만 거의 의식하지 못했다.

한 무리의 사탄이 뒤를 쫓기나 하는 것처럼 짐이 현관문을 열어젖혔다. 루실은 생각하지도 못하고 아이의 방으로 달려가서 문을 열었다. 아이의 침대는 비어 있었다. 그는 말없이 선 채 침대를 뚫어지게 바라보았다. 입술을 움직였지만 아무 말도 할 수 없었다. 침대 쪽으로 다가가려고 해보았지만 손끝하나 움직일 힘이 없었다. 루실이 침실에서 정신없이 자신을 불렀지만 지금은 관심을 가질 수 없었다. 어머니는 물론이고 이제는 사랑하는 아기까지 사라진 것이었다. 누군가 잠에서 깨서 꿈이라고 말해준다면 세상의 모든 것을 다 줄 수 있을 것만 같았다. 하지만 꿈이 아니었다. 실제로 휴거가 일어난 것이었다. 두 번 다시 아이의 방문 앞에서 발꿈치를 든 채 부드러운 하얀 베개 위에 누워 있는 금빛 곱슬머리 아기를 볼 수 없었다. 그가 중얼거렸다.

"하나님! 왜 저는 당신을 만날 준비를 하지 못한 겁니까? 정말 어리석었습니다!"

루실이 계속 짐을 찾고 있었다.

"여보! 여보! 당신이에요?"

그녀는 큰 발소리를 내면서 급히 집 안으로 달려 들어온 게 누군지 알 수 없었다. 짐이라면 무슨 큰일이 벌어지지 않고서야 자신이 몸져누웠는데도 그렇게 흥분한 상태로 들어올 리 없었다. 무슨 일이 일어난 것일까? 아니면 다른 사람이 들어온 것은 아닐까? 아기에게 안 좋은 일이 생긴 것일까?

아기가 위험에 처한 것일지 모른다는 생각이 들자 새로운 힘이 솟았다. 통증이 심하고 고통 때문에 몸이 엉망이었지만 겨우 침대를 빠져나왔다. 가능한 한 소리를 죽여가면서 숨소리를 낮추고 걸음을 옮겼다. 걸음을 걸을 때마다 온몸에 통증이 엄습했다. 몇 시간이 흐른 것처럼 느껴진 뒤에야 아기의 방에 도착했다. 어느 사내가 방안에서 문을 등지고 서 있는 것을 보자 깜짝 놀랐다. 그러고는 그가 자신의 남편이라는 것을 알게 되었다.

"여보!"

숨을 몰아쉬면서 말하는 그녀의 음성이 몹시 날카로웠다. 온몸의 신경이 곤두섰다.

짐은 아내가 부르는 소리에 현실로 돌아왔다. 주변을 둘러보고서 신음했다. 루실은 남편의 창백하고 일그러진 얼굴과 초점 풀린 두 눈을 보고서 엄청난 일이 벌어졌다는 사실을 직감했다. 무슨 일일까?

"무슨 일이에요?"

그녀가 따져 물었다.

"가버렸어! 가버렸단 말이오!"

그러고는 또다시 눈물을 흘렸다. 그녀의 몸이 회복되기 전까지 아기에 관한 이야기를 알리고 싶지 않았지만 두 가지 사건이 연속적으로 일어나서 감당하기 어려웠다. 그는 불쑥 사연을 털어놓고서 그곳에 서서 계속 눈물을 흘렸다. 제어할 수 없는 것처럼 보였다. 그는 한동안 말을 잇지 못했다.

"누가 갔다는 거예요? 말해보세요! 정신 좀 차리고요. 이런 모습 처음 봐요!"

"루실, 우리 아기가 가버렸다니까! 아직도 모르겠어? 우리 귀여운 아기가 가버렸어!"

결국 아내에게 자초지종을 털어놓았다. 루실은 기운이 없어서 문 옆에 놓인 의자에 앉았다가 깜짝 놀라서 박차고 일어섰다.

"가버렸다고요?"

그녀가 거칠게 소리쳤다.

"여보, 어디로 갔다는 거예요? 경찰에 연락해요. 아기가 납치된 거예요! 아기만 혼자 재우는 게 불안하다고 했잖아요. 그런데도 당신은 부모와 함께 자는 게 좋지 않다고 했어요. 그러니까 이런 일이 일어난 거예요."

그녀가 흐느꼈다. 짐은 한마디도 하지 않았다. 아무 말도 귀에 들어오지 않았다. 아내가 통곡하는 것도 그랬다.

"여보, 경찰을 불러요!"

그녀가 다시 소리를 질렀지만 짐은 미동도 하지 않았다. 루실은 아기의 방 밖에 있는 전화기를 향해서 겨우 걸어가서 경찰서에 전화를 걸었다.

"루실, 휴거가 일어난 거요."

짐은 어지러운 머리를 겨우 진정시키면서 설명했다. 짐은 하늘이 두 쪽이 난 것 같은 충격을 받았다.

"무슨 말이에요?"

엄청난 공포에 휩싸인 루실이 소리를 높였다.

"루실, 모르겠어? 예수님이 재림하셨소! 어머니가 휴거되셨다고! 우리 아기도 휴거되었고! 수많은 사람이 사라졌지만 나와 당신만 남겨진 거야."

목이 메었다.

"어제 당신이 어머니에게 두 번 다시 휴거 이야기는 하지도 말라고 했던 것 기억하겠지? 이제는 두 번 다시 그런 일이 없을 거야!"

휴거라는 말 때문에 다시 눈물이 흘러내렸지만 짐은 개의치 않았다.

"어쩌면 이제 마음이 놓일지 모르지! 어머니가 떠나셨으니! 그분은 영원히 예수님과 같이 지내도록 휴거되셨어. 우리 아기도 함께 말이야! 무슨 뜻인지 알겠소?"

그가 엄격하게 말했다.

"당신은 휴거를 믿지 않는다고 했지. 허황된 말이라는 거였어. 하지만 휴거는 일어났고, 사람들은 떠나버렸어!"

루실은 눈앞이 점점 어두워졌다. 머리가 어지러웠다. 자리에 앉으려고 했지만 남편 앞쪽으로 무너지듯 쓰러졌다. 짐은 미동도 하지 않은 채 쓰러져 있는 아내를 내려다보았다. 그녀를 돌봐야 한다는 생각도 나지 않았다.

뒷집에 사는 부인의 비명이 들려왔다.

"우리 아이들이 사라졌어요! 제발 도와주세요! 우리 아이들에게 큰일이 생겼어요! 제발, 누구든지 도와주세요!"

짐 역시 자신의 문제 때문에 누구를 도와줄 입장이 아니었다.

"나도 휴거되었어야 했어!"

그가 소리 내어 말했다.

"하나님을 올바로 믿을 수 있는 기회는 많았지만 모두 뒤로 미뤘어. 시간은 충분했는데 말이야."

그는 아무 생각 없이 루실을 바라보면서 과거를 돌아보다가 어머니가 수없이 경고한 게 떠올랐다. 불과 어제까지도 경고를 했었다. 그는 언제나 나중으로 미루었는데, 이제 휴거가 일어난 것이었다. 자신이 살아 있을 동안에는 그런 일이 없을 것이라고 생각했다. 오랫동안 휴거를 경고해온 사람들은 많았지만 정작 휴거는 지금까지 일어나지 않았었다. 그래서 짐과 루실은 준비할 생각을 하지 못했었다.

루실이 의식을 회복하면서 작게 신음소리를 냈다. 결국 짐은 욕실로 가서 물 한 잔과 젖은 수건을 가져왔다. 루실의 머리를 들고 차가운 수건으로 얼굴을 닦아주고서는 말라붙은 입술에 물 잔을 대주었다. 그러고 나서 마치 아이를 다루듯이 그녀를 안아서 침대에 다시 뉘었다. 짐은 아내가 상황을 파악하게 되자 위로하려고 애썼다.

"우리 아기가 보고 싶어요! 여보, 제발 우리 아기를 찾아오세요!"

그녀가 울부짖었다. 짐은 자신들이 하나님을 잘 믿으면 언젠가 어머니와 아기가 있는 곳으로 가게 될 것이라고 설득했지만 루실은 들으려고 하지 않았다.

짐이 주치의에게 전화했지만 연결이 되지 않았다. 그러다가 병원이 문을 열 때가 아니라는 것을 생각해내고서 의사의 집으로 전화를 걸었다. 아무도 전화를 받지 않았다. 세상에 엄청난 혼란이 닥친 게 분명하다고 짐은 생각했다.

그는 약국에 가서 수면제를 구입하기로 했다. 이렇게 계속 발작 상태를 유지하는 것은 루실의 건강에 좋지 않았다. 짐은 죽고 싶은 마음뿐이었다. 어머니와 아기가 없으니 살아가야 할 이유가 없었다.

부엌에 있는 라디오에서 조용한 음악이 흘러나왔다. 그러다가 벼락을 맞은 것처럼 프로그램이 중단되더니 몹시 흥분한 음성이 들려오기 시작했다.

"오늘 아침 6시에 발생한 대재앙에 관한 최근 소식을 전해드리겠습니다. 국내와 국외에서 수많은 사람이 실종되었습니다. 기사가 계속해서 들어오는 중입니다."

짐은 눈을 크게 뜨고 숨을 죽인 채 계속되는 뉴스 진행자의 음성에 귀를 기울였다.

"어떤 사람은 이렇게 사연을 소개했습니다. 자신과 아내가 다섯 시 경에 일어났을 때는 아무 일도 없었다고 합니다. 다섯 시 반 무렵에 부인은 평소처럼 기도를 했고, 여섯 시쯤에 아침 식사를 차렸습니다. 사내는 식탁에 앉아서 부인이 따라주는 커피를 기다리는데 갑자기 소름 끼치는 느낌이 들었습니다. 그가 시계를 들여다보는 순간 강한 바람이 불어오는 것 같았다는 겁니다. 눈을 들어보니 부인은 온데간데없고 빈 의자만 있었습니다. 그는 두 눈을 의심했습니다. 조금 전까지만 해도 그 자리에 부인이 있었습니다. 그가 눈을 비비고 다시 살펴보았으나 부인은 없었습니다. 그렇게 감쪽같이 사라질 수는 없었습니다. 그는 혼란스러워서 자리에 앉아 있었습니다. 부인은 무슨 마술처럼 사라져버렸습니다. 부인의 이름을 부르며 집 안팎을 찾아다녔지만 어디에도 없었습니다. 부인이 장난을 치고 있다고 생각한 사내는 식탁으로 돌아와서 식사를 계속하려고 했습니다. 그렇지만 불안한 마음은 가시지 않았습니다. 그에 따르면 그 모든 일이 눈 깜짝할 순간에 일어났다고 합니다. 하나님의 아들이 재림해서 하나님의 자녀들을 자신의 신부로 데려갔다는 것입니다!"

그 외에도 비슷한 사례가 계속 소개되었지만 짐은 듣고 싶지 않았다. 약국에 가기 위해 서둘렀다. 현관에는 조간신문이 놓여 있었는데, 호외도 함께 끼어 있었다. 짐이 신문을 들어서 펼쳤다. 헤드카피가 눈에 들어왔다.

"수많은 사람이 불가사의하게 실종되다!"

새가 울고 태양이 밝게 비추는 오늘 그런 일이 벌어진 게 아무래도 믿기지 않았다. 즐거움은 어디에서도 찾을 수가 없었다. 세상은 어째서 어둡고 엄청난 슬픔 때문에 눈물을 흘려야 하는 것일까?

그 순간 길 건너편에서는 앨마 윌콕스가 자기 집 앞에서 눈이 휘둥그레진 채 떨며 서 있었다.

"짐!"

그녀가 발작하듯 소리쳤다.

"빨리 이리 좀 와보세요! 우리 쌍둥이 딸이 사라졌어요. 어디로 갔는지 찾을 길이 없어요! 어젯밤에 나와 함께 지냈고, 다섯 시 무렵에 잠자리를 살펴보니 잘 자고 있었는데 사라져버렸어요! 집 안을 살펴보았는데 흔적도 없어요! 간밤에 대문을 걸어 잠갔고, 아이들이 너무 어려서 창문을 넘어갈 수도 없어요. 옷도 그대로 있고요. 경찰에 연락하려고 했지만 계속 통화 중이에요. 와서 도와주세요!"

짐은 그 자리에서 얼어붙었다. 손끝 하나 움직일 수 없었다. 휴거되지 못한 것 때문에 받았던 처음의 충격을 벗어나자 정신없이 이야기를 늘어놓는 앨마 윌콕스의 삶이 한꺼번에 떠올랐다. 그녀는 교회에 다녔지만 휴거를 준비하지 못한 게 분명했다.

앨마 윌콕스는 어머니가 다니는 교회에 참석하면서도 어머니처럼 헌신적이지 않았다. 부흥회가 열려도 참석하는 법이 없었다. 여성들이 교회에서 함께 모여 기도회를 가져도 마찬가지였다. 주중의 예배 모임에도 참석하는 법이 없었다. 예배에 참석해서도 믿지 않는 사람들에게 별다른 관심을 갖지 않았다. 초대의 시간에 성도들이 불신자들에게 구원의 길을 소개해도 늘 자리를 지키면서 바라볼 뿐이었다. 이제 휴거가 일어나자 믿음이 미지근한 앨마 윌콕스는 남겨지게 되었다.

"무슨 일이 일어났는지 아직도 모르세요? 예수님이 재림하셨다고요!"

앨마의 손이 떨리고, 무릎이 바닥으로 무너지기 시작했다.

"아니에요! 사실이 아닐 거예요! 그만 놀리세요!"

그녀가 울부짖었다.

"내가 여기 이렇게 있잖아요! 나는 없어지지 않았잖아요!"

믿지 못하면서도 두려움에 사로잡힌 그녀에게 짐이 손에 쥐고 있던 신문을 건넸다. 신문에는 헤드카피가 고딕체로 큼지막하게 인쇄되어 있었다.

"수많은 사람이 불가사의하게 실종되다!"

어떤 사람에게서도 들을 수 없을 정도로 비참한 음성이 앨마의 입술을 타고 흘러나왔다.

"나의 주님! 사실이었군요! 예수님은 재림하셨는데 저는 이렇게 남겨지게 되었네요!"

그녀는 무릎을 꿇고 눈물을 흘리며 전에는 한 번도 하지 않은 기도를 시작했다.

"오, 하나님! 제가 너무 어리석었습니다. 진심으로 당신을 섬기지 못했습니다. 옛날 베드로처럼 멀리 떨어져서 당신을 뒤따랐습니다. 어째서 사탄의 꾐에 빠진 것입니까? 이제 휴거가 일어났습니다! 저만 남았습니다! 저만 남았습니다!"

그러다가 지푸라기라도 잡는 심정으로 이런 생각을 했다. '어쩌면 사실이 아닐지도 몰라.' 사라지지 않은 진짜 그리스도인을 만나보면 알게 될 일이었다.

앨마는 급히 일어나 릴리가 사는 작은 집으로 달려갔다. 하나님의 진정한 성도를 꼽는다면 분명히 릴리가 그런 사람이라고 생각했다. 빈틈없이 정돈되어 있지만 페인트를 칠하지 않은 낡은 집이 오늘 아침은 한적하고 인기척이 느껴지지 않았다.

앨마는 닫혀 있는 문 쪽으로 다가갔다. 가슴이 두방망이질 쳤다. 문을 크게 두드리고 나서 초조하게 기다렸다. 사방이 조용했다. 집 안에서 시계가 똑딱이는 소리가 들렸다. 꼭 이렇게 말하는 것 같았다. '당신만 남았어! 당신만 남은 거야!'

릴리가 문을 열고 강한 스코틀랜드식 발음으로 '윌콕스 부인, 잘 지내시죠?'라고 자신을 맞아주면 얼마나 좋을까 하고 생각했지만 대답이 없었다. 안에서 무슨 소리가 들린 것 같았지만 문은 열리지 않았다.

"릴리가 휴거되었구나!"

비틀거리며 계단을 내려와서 길을 되돌아오는데 눈물이 앞을 가렸다. 앨마가 집으로 돌아오다 보니 짐이 처음처럼 여전히 그곳에서 허공을 응시하고 서 있었다. 어제보다 15년은 더 늙어보였다. 늘 당당하던 그의 어깨가 이제는 절망 때문에 구부정해졌다. 머리카락은 헝클어지고 얼굴은 몹시 초췌했다.

앨마는 그에게 다가가면서 침착해지려고 애썼다.

"짐, 릴리의 집에 다녀오는 길이에요. 그런데 어디 외출을 한 것 같아요. 집에 없어요."

그렇게 말하고서 앨마가 울음을 터뜨렸지만 짐은 아무것도 못 들은 것처럼 계속 허공을 응시했다. 한동안 넋을 놓고 있던 짐이 정신을 수습하고서 주변을 살폈다. 길 아래쪽에서 요란하게 문을 두드리는 소리가 들렸다. 누가 그러는지 확인하려고 돌아보니 앨마가 젤마 프릭의 열린 문 앞에 서 있었다. 짐은 휴거 이야기가 다른 누군가에게 전해지고 있는 중이라고 생각했다. 비명이 허공을 갈랐다. 또 다른 영혼이 예수님의 재림과 자신이 남겨지게 되었다는 사실을 깨달은 것이었다.

짐은 정신이 아득해졌다. 추위가 엄습했다. 이마에 식은땀이 맺혔다. 그가 젤마의 집 앞으로 다가갔을 때 그녀와 앨마가 급히 집 밖으로 나서고 있었다. 누가 떼어놓기라도 할까 봐 서로 단단히 붙잡고 있었다. 두려움이 깃든 얼굴의 고통스러운 눈빛에는 불신이 묻어났다.

짐은 여전히 커튼이 드리워진 집들을 지나가면서 누가 사라졌는지 궁금했다. 아직도 잠에 빠져 있는 사람들이 일어나서 상황을 파악하게 되면 얼마나 슬퍼하게 될지 생각해보았다.

짐은 골똘히 생각에 잠겨 있느라 어떤 부인이 급히 자신에게 다가오는 것을 깨닫지 못했다. 그는 피하지 못하고 부딪혔다. 깜짝 놀라서 두 눈을 바라보니 지옥에서 돌아온 것 같은 눈빛이었다. 더할 수 없는 고통에 짓눌려 있었다.

"내 남편과 우리 아기를 못 보셨나요? 어디로 갔는지 찾을 길이 없어요."

그녀가 눈물을 쏟았다.

"오늘 아침에 일어나 보니 둘 다 사라졌어요. 우리 데이비드는 정말 착한 아이예요. 어떤 무서운 일이 일어난 게 틀림없어요!"

짐은 연민의 눈길로 그녀를 바라보았다. 그는 그녀의 고통을 이해했다. '사실대로 일러주어야 하는 게 아닐까?' 휴거라는 말에 대해서 설명하고 싶었지만 입이 떨어지지 않았다.

그는 신문을 펴서 아무 말 없이 헤드카피를 그녀에게 보여주었다. 그녀는 뚫어지게 바라보더니 머릿속에 새길 듯이 서너 차례 계속 읽었다. 그러다가 갑자기 비명을 지르고서 비틀거리며 길을 걸어갔다.

짐은 눈물을 겨우 참으면서 무턱대고 달렸다. 휴거가 발생하고 난 직후에 무슨 일이 일어났는지 말하려고 애쓰는 사람들을 만나보았지만 자신이 겪고 있는 손쓸 수 없는 공포는 누구도 설명할 수 없었다.

짐이 보니 앨마와 젤마가 힐러리 목사 사택의 계단을 급히 올라가고 있었다. 힐러리 목사는 어머니가 참석하는 페어뷰교회를 담임하고 있었다. 두 사람은 정신없이 문을 두드렸다. 짐은 문이 열리고 하나님의 연로한 사역자가 모습을 드러낼 것이라고는 기대하지 않았다. 힐러리 목사가 집에 그대로 있다면 휴거는 일어날 수 없었다.

문 앞에서 기다리는 게 영원처럼 느껴졌지만 짐은 여전히 길 아래서 기다렸다. 그러나 기다림은 소용이 없었다. 힐러리 목사는 그곳에 없었다.

결국 짐은 약국에 도착했다. 빌 이외에는 아무도 없었다. 그 약사는 약국 뒤에 있는 작은 아파트에서 살고 있었다. 짐이 첫 손님이었다. 짐이 들어오자 그의 어두운 얼굴이 밝아졌다.

"짐, 잘 잤나?"

그가 쾌활하게 말을 건넸다.

"오늘 아침은 기분이 어때?"

"엉망입니다."

짐은 가까스로 대답했다.

'빌에게 무슨 일이 있는 것일까? 오늘 같은 날 어떻게 안부를 물을 수 있는 걸까?'

빌은 짐의 얼굴이 일그러지고 두 눈이 초점을 잃었다는 것을 깨닫고서 물었다.

"짐 콜린스, 도대체 무슨 일인가? 쓰러지기 직전인 것 같군!"

"우리 아기와 어머니가 사라졌습니다."

짐이 대답했다.

빌이 동그랗게 눈을 뜨고서 물었다.

"뭐라고 했지?"

짐은 여전히 쥐고 있던 신문을 펼쳐 보였다. 헤드카피를 읽던 빌이 약병을 놓치는 바람에 바닥에 떨어져서 깨졌다.

"자네… 자네… 자네의 아기와 어머니가… 실종자 명단에 포함되었다는 것인가?"

"그렇습니다. 말씀하신 대로입니다. 루실은 최악의 상태라서 진정시키려고 수면제를 사러 왔습니다."

빌은 떨리는 손으로 선반에서 겨우 수면제를 집어 들었다.

그 역시 믿음의 가정에서 성장했고 연로한 어머니는 하나님 말씀을 읽고 복된 소망을 품었다. 어머니는 몇 해 전에 세상을 떠났지만 어머니가 좋아하던 바울의 서신 내용을 기억하고 있었다.

"보라. 내가 너희에게 비밀을 말하노니 우리가 다 잠 잘 것이 아니요 마지막 나팔에 순식간에 홀연히 다 변화되리니 나팔 소리가 나매 죽은 자들이 썩지 아니할 것으로 다시 살아나고 우리도 변화되리라. 이 썩을 것이 반드시 썩지 아니할 것을 입겠고 이 죽을 것이 죽지 아니함을 입으리로다. 이 썩을 것이 썩지 아니함을 입고 이 죽을 것이 죽지 아니함을 입을 때에는 사망을 삼키고 이기리라고 기록된 말씀이 이루어지리라. 사망아 너의 승리가 어디 있느냐. 사망아 네가 쏘는 것이 어디 있느냐"(고전 15:51-55).

빌은 하나님의 아들이 공중에 재림할 때 무덤이 열리고 어머니의 육신이 영혼과 재결합해서 새로운 몸으로 변화된 것을 직접 목격하기나 한 것처럼 생생하게 느꼈다. 준비하고 있었더라면 자신도 어머니와 함께 들려 올라갈 수 있었다.

그는 목이 메었다.

"오, 하나님! 어머니의 교훈을 무시하다가 다른 사람들과 비슷한 신세가 되고 말았습니다. 예수님이 정말 재림할 것이라고는 믿지 않았습니다."

빌은 가게를 내팽개치고 무턱대고 달려 나갔다. 이미 가게는 관심 밖이었다.

'사라졌다!' 이 말은 어느 때보다 큰 의미를 담고 있었다. 빌은 기도하려고 했지만 오랫동안 해보지 않은 일이라 쉽지 않았다. 그리고 사탄이 그의 뒤에서 조롱하고 있었다. 여러 차례 애를 써보다가 결국에는 포기하고 말았다.

노아시대 사람들은 방주를 준비해서 피하라는 경고를 거절하다가 하나님의 심판이 쏟아져 내릴 때 밖에 있어야 했다. 그런데 지금도 노아시대 사람들처럼 하나님의 백성은 구원받았고, 남겨진 사람들은 환란의 시대를 겪게 되었다.

빌은 마을을 가로질러서 어머니가 잠들어 있는 공동묘지로 달려갔다. 그가 무덤에 도착했을 때 숨이 턱 끝까지 차올랐다. 열린 무덤을 바라보는 그의 볼을 타고 끝없이 눈물이 흘러내렸다. 어머니는 부활했지만 자신은 약속을 지키지 못한 것이었다.

빌이 마을로 돌아오는 길에 보니 사람들이 이리저리 돌아다니고 있었다. 아는 이들도 있었지만 말을 건네고 싶은 마음이 들지 않았다. 할 말도 없었다. 당황한 기색이 역력하고 두 눈에 핏발이 서 있는 남자, 여자, 소년과 소녀가 서로 정신없이 말을 주고받았다. 어떤 사람들은 하나님의 아들이 재림했다는 말을 믿을 수 없고, 누군가 장난을 치고 있는 중이라고 목소리를 높였다. 그렇지만 사실은 사실이고, 부정하는 것도 그리 오래 가지 않았다. 어떤 끔찍한 일이 발생하는 바람에 사랑하는 이들이 적지 않게 사라졌다는 현실을 부정할 수 있는 사람은 아무도 없었다.

버스들이 활기를 잃은 채 급히 지나다녔다. 자동차의 경적이 울려도 사람들은 딱히 목적지도 정하지 않고서 정신없이 오갔다. 그날 아침에 누구도 출근 여부에 전혀 관심을 갖지 않았다. 직장은 무슨 의미가 있을까? 화려한 생활, 소중하게 간주하고 기꺼이 희생을 감수했던 모든 일이 가치를 상실했고, 열정과 감격은 사라졌다. 아이들이 사라지고 빈집이 될 수도 있다고 생각하면 불안해서 일이 손에 잡히지 않았다.

빌은 가게 일을 완전히 잊어버렸다. 휴거되지 못했다는 것 이외에는 어느 것도 의미가 없는 것 같았다. 휴거가 발생하고 난 직후의 모습을 도저히 상상할 수 없었다.

구석에서 어느 여인이 간절한 눈빛으로 경찰관에게 자기 남편을 찾아달라고 부탁하고 있었다. 빌은 딱히 가까운 사람이 없다는 게 기쁘기도 했다. 홀로 지내는 데 익숙해서 일과를 마치고 집으로 돌아가면 누군가 기다리는 사람이 있었으면 좋겠다고 생각할 때가 많았다. 하지만 지금은 이 여인의 남편처럼 사랑하는 어떤 사람이 갑자기 사라져버리면 감당하기가 쉽지 않을 것 같다고 생각했다.

빌은 전쟁 때문에 청년들을 어쩔 수 없이 떠나보내야 했던 때를 떠올렸다. 막역한 친구들 때문에 역에 가서 기차가 출발하는 순간에 안타깝게 위로를 건네기도 했지만 오늘 아침에는 남겨진 친구와 이웃에게 어떤 위로도 건넬 수 없었다. 슬픔에 빠진 어머니들에게 사랑하는 이들이 돌아올 것이라는 희망을 줄 수도 있었지만 그럴 수 없다는 것을 잘 알고 있었다. 그들은 주님과 영원히 함께 지내기 위해서 들려 올라간 것이었다.

4.

전날 밤 페어뷰에서는

콜린스는 주일 오후에 무거운 마음으로 아들 짐의 집을 나섰다. 짐과 루실을 구원하려고 했지만 소득은 없었다.

"오, 하나님! 제 잘못 때문입니까?"

콜린스는 집으로 걸어오면서 기도했다.

"제가 부족해서 그런 겁니까? 사랑의 하나님, 어찌해야 할지 일러주옵소서. 루실이 당신을 대적하더라도 부디 그 아이를 용서하여 주옵소서. 당신을 멀리하고 놀라운 주님을 조롱하는 게 무엇인지 알지 못합니다. 사랑의 하나님, 그 아이가 당신을 가까이 할 수 있도록 지혜를 주옵소서. 짐이 강해지고 사탄의 사슬을 끊을 수 있도록 도와주옵소서."

콜린스는 주변을 돌아보면서 어떤 사람들처럼 어둠에 거하지 않고 주님을 알 수 있다는 게 얼마나 소중한지 생각해보았다.

여느 때처럼 아이들이 지나가면서 밝게 인사를 건넸다.

"콜린스 아주머니, 안녕하세요."

한동네에 사는 아이들은 모두 콜린스를 잘 알고 있었다. 꼬마들의 음성은 그날 오후의 무거운 마음을 가볍게 해주었다. 짐과 루실이 구원을 받기만 했다면 무척 기쁜 날이 되었을 터였다. 오랫동안 기르고 있는 버치가 꼬리를 흔들면서 그녀를 기쁘게 맞아주었다. 집 안으로 들어가기 전에 머리를 쓰다듬어주었다.

저녁 시간이 되었지만 별로 당기지 않았다. 책상에 앉아서 성경을 펴고 읽어 내려갔다. 아침에 들었던 설교가 생각나서 예수님의 재림에 관한 내용들을 살펴보았다.

"형제들아 자는 자들에 관하여는 너희가 알지 못함을 우리가 원하지 아니하노니 이는 소망 없는 다른 이와 같이 슬퍼하지 않게 하려 함이라. 우리가 예수께서 죽으셨다가 다시 살아나심을 믿을진대 이와 같이 예수 안에서 자는 자들도 하나님이 그와 함께 데리고 오시리라. 주께서 호령과 천사장의 소리와 하나님의 나팔 소리로 친히 하늘로부터 강림하시리니 그리스도 안에서 죽은 자들이 먼저 일어나고 그 후에 우리 살아 남은 자들도 그들과 함께 구름 속으로 끌어 올려 공중에서 주를 영접하게 하시리니 그리하여 우리가 항상 주와 함께 있으리라. 그러므로 이러한 말로 서로 위로하라"(살전 4:13-14,16-18).

예수님이 언젠가 재림하셔서 데려가신다는 것을 알고 있으니

이 얼마나 기쁜 일인가! 계속해서 읽어 내려가자 주님이 분명히 재림하신다는 확신이 섰다.

"형제들아 너희는 어둠에 있지 아니하매 그날이 도둑같이 너희에게 임하지 못하리니 너희는 다 빛의 아들이요 낮의 아들이라. 우리가 밤이나 어둠에 속하지 아니하나니"(살전 5:4-5).

'그래, 깨어 있자.' 그것은 오래전부터 그녀가 힘써온 일이었다. 어쩌면 가까운 장래에 기다림과 깨어 있는 게 끝나고 예수님을 만나게 될지도 모를 일이었다.

성경을 덮기 전에 누가복음 21장 36절을 펴서 읽었다.

"이러므로 너희는 장차 올 이 모든 일을 능히 피하고 인자 앞에 서도록 항상 기도하며 깨어 있으라 하시니라."

이 말씀을 새기면서 콜린스는 짐과 루실이 구원받게 해 달라고 하나님께 기도했다. 그녀는 자리에서 일어서면서 저녁 예배 시간이 가까웠다는 것을 깨닫고서 서둘렀다. 급히 얼굴을 씻고서 머리를 만지고 가장 아끼는 옷을 골라 입고서 교회로 향했다. 그녀는 그것이 예수님이 재림하기 전, 하나님의 집을 찾아가는 마지막 순간이라는 사실을 알지 못했다.

교회 밖에 서 있는 사람이 잠깐 콜린스와 대화를 나누고 싶어 했지만 그녀는 기도실로 가서 하나님의 임재 앞에 무릎을 꿇었다. 누구나 저녁 예배 전에 기도실에 가서 기도하도록 목사가 부탁했기 때문이었다. 기도를 게을리하는 사람들이 미지근한 믿음을 갖는 것은 당연한 일이었다. 하나님의 영을 모시고 있는 사람들이 잃어버

〈Adoration of the Mystic Lamb〉(반 아이크 형제 作, 1432년, 성바프 대성당, 벨기에 겐트). 이 작품은 레오나르도 다빈치의 〈최후의 만찬〉과 더불어 기독교 미술에서 가장 경이로운 작품으로 손꼽히는 겐트 제단화 12개의 그림 중 중앙에 있는 〈어린 양에 대한 경배〉이다. 겐트 제단화는 2층짜리 병풍형 그림으로 열렸다 닫혔다 한다. (스토리 요한계시록, 양형주 저, 발췌)

린 영혼에게 어찌 그렇게 무관심할 수 있을까?

사람들이 모이는 것을 지켜보면서 콜린스는 그날 밤 예배를 성령께서 인도해달라고 하나님께 말없이 기도했다. 교회 밖에서 웃고 떠드는 사람들도 있었지만 내부에서는 경건한 믿음의 사람들이 승리의 외침과 간구를 더욱 간절히 하고 있었다.

얼마 지나지 않아서 예배가 시작되었다. 성가대가 자리를 잡았다. 누구도 휴거를 앞둔 마지막 순간이라는 사실을 알지 못했다. 콜린스는 어느 때보다 주님의 임재를 더욱 강하게 느낄 수 있었다. 성도들이 하나님을 찬양하는 순간 거룩한 기운이 건물을 가득 채웠다. 그들은 주님이 자랑스러웠다.

놀라운 간증이 이어졌다. 모두가 아침 설교 때문에 들떠 있어서 간증마다 주님의 재림에 관한 내용을 다루었다.

리오 매스퍼로 목사가 자리에서 일어섰다. 설교를 시작하기에 앞서 교인들의 찬송을 이끌었다. "주 예수의 강림이 가까우니." 찬송이 계속되었다. 천사들이 그 찬양을 받아서 하나님의 보좌에 전달하는 느낌이었다. 사람들이 간절히 찬송하자 성가대가 기쁨으로 가세했다.

찬송이 모두 끝나자 리오 매스퍼로 목사가 성경 구절을 읽기 시작했다.

"보라. 내가 도둑같이 오리니 누구든지 깨어 자기 옷을 지켜 벌거벗고 다니지 아니하며 자기의 부끄러움을 보이지 아니하는 자는 복이 있도다"(계 16:15).

그러고 나서 그는 마지막 시대를 사는 사람들에게 경고하고, 휴거가 어느 때든지 일어날 수 있다는 설교를 전하기 시작했다.

같은 시각, 도시의 또 다른 곳에서는 모어헤드 목사가 대형 교회의 강단에서 같은 주제로 설교하고 있었지만 각도는 달랐다. 그의 설교를 듣는 사람들은 페어뷰교회의 교인들과 달랐다. 하나님의 영이 역사하지 않았고, 마음에는 하늘나라의 기쁨이 존재하지 않았다. 이렇게 많이 모인 것은 평소와 달랐다. 모어헤드 목사의 교회는 주일 저녁 예배에 사람들이 거의 참석하지 않았다. 그들은 카드놀이를 하고, 영화를 보거나 춤을 추고, 아니면 집에서 텔레비전을 보고 싶어 했다. 교회에 가는 것보다 이런 일을 더 즐겼다. 목사는 주일 아침에만 참석해도 별로 개의치 않았다. 덕분에 골프를 칠 시간이 많아졌고, 자신이 담당하는 케케묵은 낡은 설교에는 신경 쓰지 않았다. 경제적으로도 사정이 괜찮아서 그렇게 지내도 문제 될 게 없었다.

하지만 오늘 밤은 달랐다. 그는 진지하게 설교하고 싶었다. 페어뷰교회의 광신적인 리오 매스퍼로 목사가 주님의 재림에 관한 설교를 하겠다고 전단지를 돌린 바 있었다. 일부 교인들이 그것에 관해서 어떻게 생각하는지 질문하자 모어헤드 목사 역시 예수님의 재림에 관해서 설교하겠다고 알렸다. 교회의 성도들은 재림에 관한 설교를 들어본 적이 없었고, 기분전환을 위해서 저녁 예배를 기대했다. 카드놀이 모임은 연기되고 춤은 취소되고 그리고 기타 주일 저녁의 놀이는 없던 일이 되었기 때문에 사람들은 목사의 설교를 들을 수 있었다. 그들은 페어뷰교회의 아침 설교에 관한 정확하지 않은 소문을 접하고서 긴장하고 있었다.

가운을 입은 성가대가 별다른 감흥을 주지 못하는 찬양을 부르기 시작하자 교인들은 인내심을 잃고서 몸을 움직이며 끝나기를 기다렸다. 그들이 기대하는 것은 무엇보다 저녁 설교였다. 호기심 때문에 참석하기도 했지만 나머지 사람들은 해결하고 싶은 두려움이 마음에 자리 잡고 있었다.

목사가 설교할 준비를 하자 모두가 자리에서 잔뜩 기대했다. 앞으로 몸을 기울이는 이들도 있었다. 이것은 전임 사역자 토머스 목사가 세상을 떠난 이후로 25년 이상 교회에 참석하면서 보여주었던 관심 가운데 가장 특별한 행동이었다.

모어헤드 목사는 강단으로 올라가면서 자신이 인계받을 당시의 교회 상태를 돌아보았다. 토머스 목사는 인품이 좋았지만 신학을 정식으로 공부한 게 아니었다. 그는 무식해서 사람들에게 터무니없는 내용을 가르쳤다. 모어헤드는 부임한 이후로 그런 생각들을 상당 부분 제거하려고 노력했다. 그가 철학자들의 주장을 아무리 소개해도 받아들이려고 하지 않던 일부 교인들은 소란스러운 페어뷰교회로 떠나버렸다. 그렇게 속이 좁고 어리석다면 떠나도 문제 될게 없었다. 그런 사람들이 없으면 교회는 더 잘 돌아갈 터였다.

오늘 밤 모어헤드 목사는 교인들이 자신도 모르는 말을 떠들어대는 어느 신출내기 목사 때문에 동요하고 있다는 게 아주 못마땅했다. 그 교회로 가서 재림 교리를 받아들이는 사람들까지 있었다.

이 어린 목사 역시 대학의 문턱에도 가보지 못하고 최근의 위대한 사상들을 접하지 못한 게 분명했다.

그는 이렇게 생각하면서 가슴에 조금 더 힘을 주었다.

"예수님이 사람들을 데려가기 위해서, 페어뷰 교인들이 부르는 것처럼 휴거를 위해서 재림한다고 생각하는 게 얼마나 어리석은 것인지 느끼게 하고 말겠어."

그는 조소를 머금고 날카로운 시선으로 설교를 시작했다. 사방이 조용했다. 청중들은 집중해서 들었다. 일부는 자신들의 목사가 지혜롭고 하나님의 인도하심을 알고 있고 휴거의 교리가 그릇되었다는 것을 일러줄 수 있다고 확신하면서 안도하는 표정이었다. 다른 사람들은 가슴을 짓누르는 두려운 공포를 느끼면서 목사가 언젠가 주님이 재림한다는 사실을 믿고 있으며 주님을 만날 기회가 있을 것이라고 말해주기를 바랐다. 그러나 모어헤드 목사는 그런 생각을 하지 않았다. 그는 이런 말로 설교를 시작했다.

"저는 오늘 밤 이렇게 훌륭한 분들 앞에서 예수님의 재림에 관한 교리가 얼마나 터무니없는 것인지에 대해서 설교할 수 있는 특권을 갖게 되어 기쁩니다."

오랫동안 집사로 활동해온 에드워드 에비가 승리한 것처럼 머리를 끄덕이면서 예배 전에 그 문제를 놓고 토론을 벌였던 친구 제이크를 돌아보았다.

"하나님은 저를 통해서 여러분의 마음을 편안하게 만들고 싶어 하시는 것 같습니다. 여러분은 하나님의 자녀이고 그분은 여러분이 성경에서 가르치지 않는 교리를 믿고서 불필요한 걱정을 하길 바라시지 않기 때문입니다. 성경에 따르면 거짓 예언자들이 나타난다고 했는데, 여기서 멀지 않은 강단에 자리 잡고 있는 게 분명합니다. 여러분은 '목사님, 재림에 관한 성경의 내용은 어떻게 된 겁니까?'라고 묻고 싶을 겁니다. 많은 사람이 이런 대부분의 성구가 영적인 사람을 가리키는 것이고, 문자적인 의미로 전혀 사용될 수 없다는 것을 모르고 있습니다.

사실을 말하면 성경은 대부분 유대인을 위해서 기록된 것입니다. 따라서 우리 이방인들은 그 내용에 관해서 전혀 걱정할 일이 없습니다. 상당수의 목사가 과거에 이 교리를 믿었다는 것을 인정합니다. 하지만 그것은 오늘날 우리처럼 교육받을 기회가 없었을 때의 일입니다. 오늘날은 교육받을 만큼 받은 시대이고, 그러니 두려워해서는 안 됩니다. 우리가 늘 슬픔 속에 있는 것을 하나님이 바라실까요? 주님이 언제든지 재림한다는 이런 교리를 믿는다면 즐겁지 않을 겁니다. 늘 두려움에 사로잡혀 있을 것입니다. 똑똑한 사람들은 정신박약자나 믿는 그런 말도 되지 않는 교리를 결코 따르지 않습니다."

모어헤드 목사는 이 말을 마치고서 활짝 웃음을 지었다. 구석에서 밴스 데이가 지켜보고 있는 것을 알고 있었기 때문이다. 모어헤드는 막 예배가 시작되기 전에 밴스가 자신의 믿음을 고백하는 것을 듣고서 그가 언제가 주님이 재림한다는 사실을 믿고 있다는 것을 알게 되었다.

밴스와 그의 아내는 자리를 지키고 있었지만 목사가 전하는 내용에는 수긍하지 않았다. 정신박약자나 주님의 재림을 믿는다는 신랄한 발언도 별로 당황스럽지 않았다. 그들은 주님의 재림이 성경적인 교리라고 믿고 있었다. 밴스는 연민의 눈으로 목사를 바라보니 안타까운 생각이 들어서 마음이 아주 착잡했다.

밴스는 오래전부터 자기 자리를 지키고 있었다. 사실 이 자리는 할머니와 어머니가 앉아 있던 곳이었다. 교회가 세워진 때부터 밴스의 가족은 줄곧 참석했다.

밴스는 앉아 있다가 과거에 이 교회를 담임했던 토머스 목사를 떠올리게 되었다. 그는 쉬지 않고 주님의 재림에 관해서 설교했다. 밴스는 토머스 목사가 세상을 떠날 때, 영혼이 떠나기 직전 몇 시간 동안 그의 침상을 지킨 적이 있었다. 인생을 마감하는 순간에 수없이 인용하던 하나님 말씀이 입술로 흘러나왔다.

"주께서 호령과 천사장의 소리와 하나님의 나팔 소리로 친히 하늘로부터 강림하시리니 그리스도 안에서 죽은 자들이 먼저 일어나고 그 후에 우리 살아 남은 자들도 그들과 함께 구름 속으로 끌어올려 공중에서 주를 영접하게 하시리니 그리하여 우리가 항상 주와 함께 있으리라"(살전 4:16-17).

토머스 목사가 이 구절을 나지막하게 말하는 순간 그의 얼굴에서 하나님의 영광이 빛났다.

오늘 밤 밴스 데이는 모어헤드 목사가 주님의 재림을 반박하는 것에 대응하지 않고 가만히 있어야 할 이유를 깨달았다. 밴스는 어떤 불평도 하지 않았다. 경멸의 눈초리가 자신에게 쏟아지고 광신자로 몰리는 게 두려웠다.

밴스는 무엇이 주님을 부인하고 자녀와 아내마저 그런 그릇된 설교를 듣게 했는지 믿을 수 없었다. 자신의 어머니는 재림을 소망하면서 세상을 떠났다. 그것은 사실이었다. 예수님은 성도들을 데리러 다시 오실 것이다.

목사의 입에서 하나님을 모독하는 말이 쏟아졌다. 밴스는 주님을 위해서 행동할 때가 되었다고 생각했다. 지금이 아니면 영원히 불가능했다. 그것은 예배에 수없이 참석하면서도 한 번도 하지 않은 일이었다. 결정을 내리자 설교가 진행되고 있었지만 그와 아내가 자리에서 일어섰다. 사람들은 놀란 눈으로 그들을 바라보았다. 데이의 가문에서 그런 행동을 목격한 적이 없었다. 그들은 늘 아주 보수적으로 행동했었다. 모든 사람이 돌아서서 그들을 바라보며 서로 수군거렸다.

모어헤드 목사는 당황해서 다음 말을 잇지 못했다. 네댓 명이 더 일어나서 데이 가문 사람들을 따라 나갔다. 그들은 어디로 가야 하는지 알고 있었다. 페어뷰교회였다.

모어헤드 목사는 설교를 마치기 위해서 묘안을 짜내려고 애썼다. 개의치 않는다는 표정을 지으려고 했지만 어쩐 일인지 자제력이 사라지면서 지금까지 했던 설교가 효력을 발휘하지 못한 것 같은 기분에 사로잡혔다.

결국 예배는 그렇게 끝났다. 예배에 모인 사람들은 전보다 불안감이 더 커졌다. 밴스와 아내는 곧장 페어뷰교회로 향했다. 도착하자 노랫소리와 부르짖음, 그리고 하나님을 찬양하는 소리가 들려왔다.

사람이 가득 들어차서 겨우 문을 열고 들어섰다. 그들이 목격한 장면은 방금 전에 떠나온 곳과 딴판이었다. 모어헤드 목사가 부임하기 이전에 교회에서 주님을 찬양하곤 하던 때가 떠올랐다. 하나님을 찬양하는 성도들의 얼굴에서 하나님의 영광이 빛나는 것을 바라보는 순간 눈물이 고였다.

그들이 도착한 때는 설교 직전에 마지막으로 찬양을 부르는 시간이었다. 밴스 데이는 젊은 목사의 얼굴에서 과거에 재림을 소개하던 토머스 목사의 차분하고 부드러운 표정을 목격했다. 그의 말에는 확신이 실렸고, 그의 짙은 갈색 눈에서는 하나님의 영광이 빛을 발했다.

"마지막 날에 주님의 재림을 우리 성도들에게 소개할 수 있어서 기쁩니다. 이처럼 재림이 임박한 때는 없었습니다. 우리는 시대의 징조를 보고서 그때가 문 앞까지 도달했다는 것을 알고 있습니다. 많은 사람이 그분을 고대하고 있다는 사실을 알고 있습니다. 그분을 믿는다고 하면서도 실제로는 재림을 기다리지 않는 사람들도 있습니다. 성경에서는 이렇게 말합니다. '보라. 내가 도둑같이 오리니 누구든지 깨어 자기 옷을 지켜 벌거벗고 다니지 아니하며 자기의 부끄러움을 보이지 아니하는 자는 복이 있도다'(계 16:15). 많은 사람이 하나님을 두려워하지 않으면서 살아갑니다. 세상의 온갖 즐거움에 빠져서 지금의 만족을 추구하고 내세에 보물을 쌓지 않습니다. 저는 지난 며칠 동안 밤마다 다니엘서와 요한계시록을 설교했습니다. 이런 설교 때문에 여러분이 자극받아서 주님과 더 가까이 동행하고 싶은 마음이 간절해지기 바랍니다."

하나님의 사자는 사람들에게 할 말은 많지만 시간이 부족한 사람처럼 계속해서 말을 이어 나갔다. 그는 계속해서 성경을 인용했고 하나님의 어떤 말씀도 두려워하거나 피해 가려고 하지 않았다.

리오 매스퍼로 목사는 이런 성경 구절로 설교를 끝맺었다.

"이러므로 너희는 장차 올 이 모든 일을 능히 피하고 인자 앞에 서도록 항상 기도하며 깨어 있으라 하시니라"(눅 21:36).

밴스는 오늘 밤에 오랜만에 강단으로 초대하는 순서를 지켜보게 되었다. 강단으로 달려가서 기도하고 새롭게 주님과 언약을 맺고 싶은 충동이 일었다. 사탄이 속삭였다.

'사람들이 어떻게 생각할지 알고 있느냐? 평생 동안 교회에 다니지 않았느냐. 지금은 흥분해서 흔들리고 있는데, 내일이면 괜찮아질 것이야. 많은 일을 생각해야 하지 않겠느냐. 교인과 목사가 어떻게 생각하겠느냐?'

밴스 데이는 더 이상 머뭇거릴 이유가 없었다. 기도하러 앞으로 나가자 그의 아내 역시 뒤따랐다.

헤스터 벨은 밴스와 그의 부인이 강단 쪽으로 걸어 나가는 것을 보고 깜짝 놀랐다. 모어헤드 목사의 교회에 다니는 것을 알고 있기 때문이었다. 그 교회에서 온 네댓 명의 사람들이 그녀를 급히 지나쳐서 앞으로 나갔다. 그들을 바라보는 헤스터는 두렵고 떨렸다. 그러면서 그들과 낸시를 따라나서고 싶었지만 다음으로 미루었다.

그날 밤 헤스터는 집에 돌아와서도 그날 겪은 여러 가지 일을 생각하느라 오랫동안 잠을 이루지 못했다. 준비된 사람에게는 예수님의 재림이 반가운 일이지만 그렇지 않은 사람에게는 재앙이었다.

헤스터가 뒤척이며 잠들지 못하고 있을 때, 그녀의 어머니도 예수님의 재림을 생각하면서 잠을 못 자고 있었다. 교회를 다녀온 헤스터가 슬며시 문에 다가와서 부드럽게 자신을 불러도 대꾸하지 않았다. 예수님의 재림에 대해서 더 이상 듣고 싶지 않았다. 남편은 옆에서 곯아떨어진 채 코를 골고 있었다. 불이 꺼진 상태에서 기도하고 싶었지만 뜻대로 되지 않았다. 결국 그녀는 다음번 예배에 참석해서 주님을 영접하기로 결심했다. 그전까지는 예수님이 재림할 것 같지 않았다.

5.
떠난 자와 남은 자

헤스터는 깜짝 놀라 잠에서 깼다. 햇빛이 창문을 통해 비추고 이상할 정도로 주위가 조용했다. 이마에 식은땀이 맺혔다. 처음에 꾸었던 달콤한 꿈이 곧장 무시무시한 악몽으로 바뀌었다. 환란의 시대에 관한 내용이었다. 무저갱이 열리고 목사가 요한계시록을 설교하면서 소개했던 무서운 짐승들이 모습을 드러냈다. 짐승들은 사람의 얼굴을 하고 있었는데, 머리카락은 여자 것에다가 이빨은 사자의 이빨이었다. 목사의 설교와 다르지 않았다. 무시무시한 메뚜기 떼 가운데 하나가 덮치는 순간에 잠에서 깼다.

헤스터는 잠시 자리에 누운 채 잠에서 깨어나서 그게 꿈에 지나지 않았다는 사실에 감사했다. 창밖에 있는 오스트레일리아 소나무 위에서 새들이 지저귀고 있었다.

그런데 사건이 터지고 말았다! 헤스터의 침대 옆에 있는 자명종 라디오에서 귀가 의심스러운 뉴스가 흘러나왔다. 마른하늘에 날벼락이었다.

"수천 명의 사람이 감쪽같이 사라졌습니다! 도시는 완전히 혼란 상태에 빠져 있고 사람들이 가족을 찾아서 이리저리로 내달리고 있습니다!"

헤스터는 거의 정신을 수습할 수 없었다. 침대가 빙글빙글 도는데, 나중에는 방 전체가 돌다가 점점 더 어두워졌다. 의식을 잃지 않기 위해서 필사적으로 애를 썼다. 예수님이 재림하시다니! 꿈이 아니라 무서운 현실이었다. 그리고 자신은 남겨지고 만 것이다!

"오, 하나님! 안 됩니다. 저는 남아 있을 수 없습니다!"

지난밤만 해도 낸시와 함께 교회에 참석했었다. 낸시가 떠오르는 순간 심장이 거의 멈출 뻔했다. 낸시는 남아 있어야 했다! 낸시는 가장 막역한 친구였고 다른 사람들과 달리 늘 자리를 지켜주었다. 아침마다 함께 어울려서 학교에 갔고 반도 같았다. 이제는 두 번 다시 학교에 함께 가거나 평소에 낸시가 앉았던 자리를 바라볼 수 없을 것 같았다. 그녀의 금발 머리와 발그레한 볼, 그리고 하나님께 구원받고 환하게 웃던 어젯밤의 모습이 떠올랐다. 그렇게 좋은 친구가 사라질 수는 없는 일이었다.

앵커가 실종에 관한 무시무시한 소식을 계속 전했지만 거의 귀에 들어오지 않았다. 헤스터는 자신이 꿈을 꾸고 있는 것은 아닌지 확인하려고 몸을 움직였다. 잠에서 깨어 꿈속에서 일어난 일에 불과했다는 것을 알 수 있다면 무엇이든지 할 수 있었다. 헤스터는 휴거가 실제로 일어난 게 아니라면 낸시와 함께 콜린스의 집을 찾아가서 주님을 찾을 수 있게 도와달라고 부탁하고 싶은 생각이 들었다. 주님을 잘 아는 사람이 있다면 콜린스가 그런 사람이었다.

구약시대에 손이 나타나서 벽에 글을 쓸 때 벨사살이 그랬던 것처럼 헤스터는 떨리는 것을 겨우 진정하고 침대를 빠져나왔다. 어떻게 옷을 입었는지 알지 못할 정도였다. 목 안에 덩어리가 느껴졌지만 삼킬 수 없었다. 울고 싶어도 눈물이 나오지 않았다. 넋이 나간 사람 같았다. 손을 움직였지만 자기 것 같지 않았다.

부모님의 방은 계단 끝에 있었다. 미친 듯이 방문을 두드리다가 어머니가 미처 잠에서 깨어 대답하기도 전에 문을 활짝 열고 들어가서 침대로 올라갔다. 너무 흥분한 나머지 제대로 입이 떨어지지 않았다. 수잔은 놀라서 눈을 비볐고, 프랭크는 깜짝 놀라서 잠에서 깼다. 두 사람은 심상치 않은 일이 벌어졌다는 사실을 알아차렸다.

헤스터가 두 눈을 동그랗게 뜬 채 온몸을 떠는 모습을 보면서 수잔과 프랭크는 온갖 생각이 떠올랐다. 집에 불이 났거나 강도가 침입했는지도 모를 일이었다. 그렇지만 실제로 어떤 일이 벌어졌는지 짐작할 수 없었다.

헤스터는 침대에 누웠지만 죽을 것 같은 기분이 들었다. 손은 감각을 잃어서 차가웠고, 혀는 평소와 달리 마비된 것 같았다. 마침내 헤스터가 입을 열었다.

"일이 벌어졌어요! 일이 벌어진 거예요! 예수님이 재림했어요!

예수님이 재림했다니까요! 다들 사라졌어요! 수천 명의 사람들이 사라졌어요! 정말 휴거가 일어났다고요!"

수잔 윌슨은 믿을 수 없다는 듯이 딸을 바라보았다. 그러고는 부드럽게 등을 다독이며 진정시키려고 애썼다. 헤스터는 웃음을 지으려고 했지만 경직된 얼굴은 풀리지 않았다. 프랭크는 딸이 무슨 이상한 꿈을 꾼 것이라고 생각했다. 아이는 흥미 있는 일들을 꾸며내는 데 재주가 있었다. 시간이 흐르자 화가 치밀어 오른 프랭크가 한마디 했다.

"헤스터, 이렇게 들어와서 잠을 설치게 하니 정신이 하나도 없구나! 엄마가 하루 종일 불안해하지 않겠니. 어디서 그렇게 말도 안되는 소리를 들었는지 알고 있다. 당구장에서 사람들이 페어뷰교회의 목사가 평소에 듣지 못한 설교를 한다고 말하는 것을 들었단다. 그 사람들은 목사를 쫓아낼 생각을 하고 있다. 나도 당연히 그들 생각이야. 절대 그 교회에 다시 가서는 안 된다! 알겠지!"

프랭크가 호통쳤다.

"여보, 정신 좀 차려요. 전에는 헤스터에게 이렇게 대한 적이 없잖아요. 분명히 힘들게 하려고 한 이야기가 아닐 거예요. 꾸며낸 이야기도 아니고요. 예수님은 정말 언젠가 다시 오실 거예요. 하지만 지금은 아니죠. 헤스터가 꿈을 꾼 것 같아요."

수잔은 두 사람을 진정시키려고 노력하면서 말을 이어갔다.

"예수님이 재림한다는 말을 듣고 진짜라고 생각했던 거예요. 잠시 이 아이 때문에 몹시 놀란 것은 사실이지만 이제 괜찮아질 거예요. 헤스터, 네 방으로 돌아가서 옷을 입거라. 아침에 학교에 가야 하잖니. 졸업도 얼마 남지 않았는데."

헤스터는 부모에게서 이런 반응을 기대하지 않았고, 휴거를 알리는 뉴스가 준 충격과 아버지가 이렇게 화를 낸 것 때문에 아무 말도 하지 못했다. 마침내 겨우 다시 말문이 열렸다. 그러자 이번에는 말랐던 눈물이 흘러내리기 시작했다. 막혔던 수문이 열린 것처럼 헤스터는 눈물을 흘렸다. 이것은 평소와 달랐기 때문에 부모는 긴장했다. 태풍이 불 때 흔들리는 이파리처럼 온몸을 떨고 있었다.

"사실이라니까요! 제가 꾸며낸 말이라면 좋겠지만 정말로 일어난 일이에요! 몇 분 전에 라디오에서 들었어요. 정말이에요. 우리는 남겨진 거라고요!"

헤스터가 허공으로 손을 휘젓다가 신경질적으로 울음을 터뜨렸다. 수잔 윌슨이 온몸을 떨기 시작했다. 그녀의 얼굴은 핏기를 잃었다. 호소하는 눈빛으로 딸과 남편을 번갈아 바라보았다. 그녀의 목이 메었다.

"여보, 저 아이 말을 믿지 않을 거죠?"

"물론이지."

남편이 성마르게 대답했다.

"당신도 그렇게 말도 안 되는 이야기를 하지 마시오! 이런 일이 계속되면 우리 모두 정신병원으로 가야 할 거요. 라디오나 틀어요. 아침 일곱 시 뉴스 시간이 된 것 같으니, 둘 다 정신을 차렸으면 좋겠어!"

수잔이 떨리는 손으로 침대 옆에 놓여 있는 작은 라디오의 단추를 눌렀다.

"긴급 뉴스입니다! 오늘 아침 6시에 우리나라 해안에 지상 최대의 충격과 비극이 밀어닥쳤습니다. 수천 명의 사람들이 흔적도 없이 사라졌습니다. 이것은 지금까지 인류가 한 번도 직면한 적이 없는 절대 믿을 수 없는 사건입니다. 도시에서는 어린이들이 모두 사라졌습니다. 어른들도 상당수가 사라졌습니다. 다른 도시에서도 사정은 마찬가지입니다. 아버지, 어머니, 딸이나 아들이 사라진 가정이 있고, 어느 가정은 모든 가족이 사라졌습니다. 우리는 이런 엄청난 재앙 때문에 정신을 차리지 못하고 있습니다. 일부 사람들은 예수님이 믿는 사람들을 데려가기 위해 재림한 것이라고 말하고 있습니다. 우리는 무슨 일이 일어났는지 제대로 알지 못하고 있지만 수많은 사람이 사라진 것만큼은 사실입니다. 이 비극적인 뉴스의 속보가 들어오는 대로 전해드리도록 하겠으니 계속해서 청취하시기 바랍니다."

윌슨의 가족들은 앵커가 말을 마칠 때까지 전혀 미동도 하지 않았다. 수잔은 라디오에서 눈을 떼지 못하고 있다가 뉴스가 끝나자 슬프게 울부짖으며 베개에 얼굴을 파묻었다.

프랭크 윌슨은 침대에서 내려와 무릎을 꿇고 머리를 손으로 감쌌다. 생전 처음으로 기도를 시작했다. 기도해야 할 때가 되어도 언제나 불가능하다고 생각했다. 하나님과 같은 분과 대화할 수 있다곤 생각하지 못했지만 이제는 기도하는 게 그리 어려운 일이 아니라는 생각이 들었다.

"나의 하나님! 나의 하나님! 이 믿을 수 없는 일이 어떻게 일어날 수 있는 겁니까! 저희를 불쌍히 보시고 그냥 내버려 두지 마십시오! 당신에게 죄를 범해서 이렇게 요구할 수 있는 권리가 없다는 것을 알고 있지만 그래도 내버려 두지 마십시오. 오! 하나님, 그럴 수는 없습니다! 그럴 수는 없습니다!"

그가 간절히 매달렸다.

"저희를 외면하지 말아주십시오! 오, 하나님! 저희를 외면하지 말아주십시오!"

프랭크 윌슨이 이런 식으로 행동하는 것은 처음이었다. 그는 하나님을 전혀 인정하지 않는 사람이었다. 자신이 살고 있는 우주를 창조한 하나님이 존재하지 않는 것처럼 하루하루를 살았다.

헤스터는 여전히 흐느끼며 떨고 있었다. 아버지가 울부짖으며 하나님께 기도하는 것을 지켜보는 것도 별다른 도움이 되지 못했다. 예수님이 재림하시기 전에 지금처럼 하나님을 찾았더라면 모두의 처지가 달라질 수도 있었다. 지금은 때가 너무 늦어버렸다. 휴거가 일어났고 자신들은 모두 남겨진 신세였다.

어째서 지난밤에 준비하지 못했을까! 오늘 아침에는 여기를 떠나서 다른 곳에서 주님과 함께 지낼 수도 있었다. 자신이 어리석게 느껴졌다. 영혼을 건 도박에서 지고 만 것이다. 환란의 시기를 벗어날 수 있는 기회가 사라졌다. 어젯밤만 해도 열려 있었지만, 벗어날 수 있는 길이 없다는 게 무엇을 의미하는지 알지 못하고 거절했었다.

어젯밤에 재림을 설교하던 목사도 없었다. 콜린스나 다른 성도들도 마찬가지였다. 두 번 다시 지난밤처럼 예배에 참석해서 시온의 찬송을 듣거나 하나님의 사람들에게 간증이나 복된 소망에 대해서 들을 수 없었다.

세상에서 가장 소중하게 생각하던 사람들이 더 이상 이곳에 없다고 생각하니 허전한 마음뿐이었다. 지금껏 페어뷰교회 사람들을 자신이 얼마나 사랑했는지 전혀 알지 못했었다. 이제 그들은 떠났고 낸시도 그들과 함께 떠나버렸다.

'낸시가 정말 사라졌을까?'

낸시의 집으로 달려가서 낸시가 정말 사라졌는지 확인하고 싶은 마음이 갑자기 일었다. 헤스터는 낸시가 지금도 이곳에 있다면 더 잘 견뎌낼 수 있을 것 같았다. 잠옷을 급히 벗어버리고서 뒷문을 열고 달려갔다. 낸시의 집을 향해서 길을 달렸다.

머리 위로 아름답게 뻗어 있는 나무들도 평상시와 달리 오늘은 관심을 끌지 못했다. 마침내 낸시의 집이 눈에 들어왔다. 길과 떨어져 있고, 잘 가꾸어진 나무와 화단에 둘러싸인 하얗고 높은 그 집은 여느 때와 달리 별다른 느낌을 주지 못했다. 오늘 아침에는 아름다움을 어디서도 찾아볼 수 없었다. 삶을 비추던 모든 빛이 사라졌고, 한 가지만 생각났다.

"휴거는 6시경에 발생했지만 그 일이 일어날 때 자신은 잠들어 있었다."

낸시 어머니는 부엌에 있었다. 이것은 평상시와 달랐다. 케이트 클라인이 음식을 만드는 경우는 거의 없었다. 가정부 해너는 어디로 가고 혼자서 부엌에 있을까?

헤스터가 거의 달음박질 하듯이 들어섰을 때, 클라인 부인은 무척이나 화가 난 상태였다. 헤스터는 숨을 고르면서 무슨 말인지 제대로 알아들을 수 없는 말을 했다.

"낸… 낸시는 어… 어디 갔나요?"

헤스터가 말을 더듬었다.

클라인 부인이 그렇게 예의 없이 집 안으로 달려 들어온 것을 나무라기 시작했지만 전에는 본 적이 없는 헤스터의 표정 때문에 바로 그쳤다.

"낸시는 아직도 일어나지 않았어. 헤스터, 도대체 어쩐 일이니? 그렇게 당황하는 것을 본 적이 없는데."

헤스터는 마음을 가라앉히고 안정을 유지하고 싶었지만 긴장한 탓에 불가능했다.

"클라인 부인, 무슨 일이 일어났는지 모르세요? 예수님이 여섯 시쯤에 재림하셔서 사람들을 데려갔어요."

클라인 부인은 믿을 수 없다는 표정으로 바라보았다. 그녀는 헤스터가 당황해하는 것 때문에 심상치 않은 일이 일어났다는 것을 알게 되었다. 엄청난 공포가 엄습했다.

그러다가 클라인 부인은 가정부 해너를 생각하게 되었다. 그녀는 일하러 출근하지 않았다. 해너는 늘 시간을 지켰고 그렇지 못할 때는 늦은 이유를 털어놓았다. 그런데 전화 한 통 없이 일하러 오지 않았다.

해너는 주님이 언젠가 도둑처럼 밤중에 찾아와서 자신의 성도들을 데려갈 것이라는 확고한 믿음을 소유하고 있었다. 그녀는 여러 차례 클라인 부인에게 그것을 이야기했고, 싫은 소리를 들어야 했다. 해너가 주님에 관해서 이야기한 것은 물이 높은 곳에서 낮은 곳으로 흐르는 것처럼 자연스러웠다. 그녀는 예수님의 재림에 관해서 대화를 나누고 난 뒤에는 늘 이런 말로 끝을 맺었다.

"준비하고 있는 게 좋을 거예요. 재림이 일어나면 그때는 너무 늦었을 거라고요."

헤스터는 더 이상 머뭇거리지 않았다. 계단을 달려 올라가서 낸시의 방문을 두드렸다. 가까스로 숨을 죽여가면서 혹시 낸시가 졸린 목소리로 인사를 건넬까 봐 귀를 기울였다. 바로 그 순간, 낸시의 어머니가 계단을 올라오며 가쁜 숨을 몰아쉬면서 말했다.

"문을 열고 우리 아이가 있는지 확인해 보거라."

헤스터가 문을 열고 비어 있는 침대를 물끄러미 바라보았다. 낸시는 없었다. 클라인 부인은 헤스터의 어깨너머로 바라보면서 눈을 의심했다. 낸시는 사라질 수 없었다. 예수님이 재림했다면 어째서 낸시는 사라지고 헤스터가 남게 된 것일까?

클라인 부인이 신경질적으로 말했다.

"그 애가 어디에 있는 것 같니? 전에는 한 번도 그런 적이 없었는데."

헤스터가 괴로운 눈으로 그녀를 돌아보면서 말했다.

"목사님이 어젯밤에 말한 것처럼 낸시는 어느 곳에선가 주님과 함께 있을 거예요. 낸시는 설교를 가슴으로 받아들였고, 그래서 지금 주님과 함께 있는 거예요. 저는 시간이 넉넉한 줄 알고서 기다려서 이렇게 남게 된 거고요!"

"그게 무슨 말이니?"

클라인 부인이 걱정스러운 듯 물었다.

헤스터는 낸시가 지난밤에 돌아왔을 때 클라인 부인이 잠자리에 든 상태라서 자신이 회심했다는 대단한 소식을 어머니에게 알리지 않았고, 이제는 두 번 다시 말할 수 없게 되었다는 것을 처음으로 깨닫게 되었다.

"클라인 부인, 낸시는 어젯밤에 주님을 영접했어요. 저를 보고 강단 쪽으로 나가자고 했지만 무엇인가 저를 잡아당기는 것 같았어요. 저는 기다리면서 조금 더 생각해보고 싶었어요. 그때 나갔더라면 얼마나 좋았겠어요! 주님과 함께 지내기 위해서 들림을 받았더라면 대단한 기분이었을 거예요. 오늘 아침 뉴스에 모두 소개되었다고요."

클라인 부인이 라디오를 켜는 순간 이런 뉴스가 흘러나왔다.

"오늘 아침 6시경에 수천 명의 사람들이 사라졌습니다!"

클라인 부인은 커튼을 걷고서 반짝이는 유리창을 통해서 말없이 거리를 바라보았다. 눈물이 나오지 않았다. 충격이 너무 커서 울 수 없었다. 눈물을 흘리면 크게 한숨을 돌릴 수도 있었을 것이다.

주님이 재림해서 낸시가 휴거되었다는 사실이 머릿속을 정신없이 강타했다.

"내가 정말 어리석었어. 해너가 수없이 말하면서 자신의 말을 증명하려고 성경을 보여주었는데도 믿을 생각을 하지 않았어. 해너가 교육을 제대로 받지 못해서 성경을 제대로 이해하지 못한다고 애써 생각했던 거야. 이제는 해너까지 가버렸어!"

해너는 생활이 어려웠다. 그녀는 가정부로 일하면서 생활비를 벌어야 했다. 클라인 부인은 지금까지 늘 해너를 동정해왔지만 오늘 아침에는 자리를 바꿀 수만 있다면 달라는 대로 돈을 주었을 것이다. 결국 해너가 훨씬 더 부유했지만 자신은 그것을 알지 못했다.

따뜻한 봄 햇살을 받고 있는 나무와 날아다니는 새들을 바라보면 모두 평온하게 생각할 수도 있었지만 평화와 행복은 사라지고 재앙만 남아 있었다.

클라인 부인은 하나님의 나라에 들어갈 기회가 있었지만 늘 너무 분주했다. 미동도 없이 말 한마디 하지 않은 채 서서 과거를 회상하는 그녀의 모습은 애처로웠다. 헤스터는 클라인 부인에게 무슨 말을 건네려다가 마음을 바꿨다. 갑자기 돌아서서 급히 방을 나갔다. 이 무시무시한 광경을 벗어나지 않을 수 없었다.

부엌을 질러가면서 낸시가 떠났다고 생각하자 얼음같이 차가운 손길이 목을 짓누르는 것 같았다. 휴거가 일어난 것을 떨쳐버릴 수 있을까? 눈길을 닿는 곳마다 주님이 재림했다고 일러주고 있었다.

6.
남겨진 목사의 고백

짐은 약국에서 수면제를 가지고 오다가 비어 있는 아기 방에 들렀다. 방안을 돌아보는 순간 눈물을 주체할 수 없었다. 전날 밤에 아기가 사라져버린 그대로였다. 장난감이 여기저기에 흩어져 있고, 곰 인형이 베개에 파묻혀 있었다. 주님이 재림할 때 작은 팔에 안겨 있던 것이었다. 아기는 잠자리에 들 때면 늘 곰 인형을 찾았다.

"하나님, 아내와 저는 어째서 준비를 못한 겁니까? 오늘 아침에 모두 한 자리에 있을 수 있었는데 말입니다."

짐은 너무나 소중했던 장면을 떨쳐버리기 위해서 아기의 방문을 닫았다. 오늘 아침에는 그 추억이 너무 고통스러웠다. 전에는 이처럼 가슴 아픈 적이 없었다.

침실에서 루실의 신음소리가 들려왔다. 그는 잠시 슬픔을 잊은 채 아내를 위로하려고 노력했다.

아내는 고통스러운 눈길로 남편을 올려다보면서 애처롭게 아이를 찾아달라고 애원했다. 그 무엇도 위로가 되지 않았다. 아기만 되찾을 수 있다면 목숨까지 포기할 수 있었지만 아기를 두 번 다시 만날 수 없다는 사실을 알고 있었다. 하나님이 자식을 주셨으니 원하면 데려가실 수 있는 권리가 있었다.

짐은 루실이 결국 잠들기까지 오랜 시간을 보낸 것 같았다. 친구들이 연락을 해왔다. 아내가 잠들려고 할 때마다 전화기가 울려서 잠에서 깨어났다. 전화를 거는 사람들은 풀이 죽어 있었다. 그리고 우는 모습을 상상할 수 없는 사내들이 심장이 멎을 듯이 통곡을 해댔다. 미쳐가고 있었다. '전화를 그만 했으면….' 사람들은 자신의 슬픔에만 관심이 있었다.

시간을 종잡을 수 없게 된 뒤에야 전화가 그쳤다. 루실은 지쳐서 잠이 들었다. 짐은 아내를 내려다보았다. 어린아이처럼 잠들었는데, 두 볼에 눈물 자국이 남아 있었다. 그 눈물을 보니 자신 때문에 어머니가 수없이 눈물을 흘리던 게 떠올랐다. 모두 소용없는 일이 되어버리고 말았다. 이제 환란의 시대를 겪게 된 것이다.

그는 눈물을 삼키면서 조용히 방을 나가 거실에서 텔레비전의 소리를 낮추고 지역 방송을 켰다. 재난 방송 중이었다. 모든 프로그램이 휴거에 관한 내용이었다. 그곳에 앉아서 이미 발생한 휴거에 관한 보도를 듣는 것은 이상했다. 그것을 미래의 사건으로 거론하는 것을 평생 들어왔지만 이제 뉴스는 사랑하는 사람이나 친구들과 함께 있다가 사라지는 것을 목격한 증인들을 소개하고 있었다. 탈선한 기차, 선장이 사라진 해양의 선박, 기장을 잃고 추락한 비행기 등에 관한 보도가 있었다. 그리고 버스와 자동차 사고는 끝없이 계속되었다.

짐은 텔레비전을 끄고 문 쪽으로 천천히 걸어가서 아무 생각 없이 문을 열고 현관으로 나갔다. 거리는 가슴이 아플 정도로 익숙했지만 생소한 것은 여전했다. 사람들이 이리저리 뛰어다니고 있었다. 짐은 먼 거리에서도 절망스러운 표정을 읽을 수 있었다. 일부는 달리고, 일부는 총총히 걸었고, 그리고 나머지 사람들은 멍한 상태로 아주 천천히 배회하고 있었다. 남녀가 부끄러움이나 주변을 의식하지 않은 채 눈물을 흘리면서 길을 걸어갔다. 짐은 그들을 바라보다가 자신의 슬픔을 잊고서 아주 커다란 슬픔에 빠진 이 사람들을 위로하고 싶은 마음이 솟구쳤다.

바로 그때 한 떼의 사람들이 지나가는데 누군가 소리쳤다.

"페어뷰교회로 갑시다! 그 교회 목사도 사라져서 대형 교회를 맡고 있는 모어헤드 목사를 불러서 설명을 듣는 답니다!"

짐은 누구에게서도 일어난 일에 관해 설명을 듣고 싶은 생각이 없었다. 그는 이미 알고 있었다. 올바른 길을 알지 못해서 남겨졌다는 것도 정말 한심한 일이었지만 올바른 길과 기대하는 것을 배우고 난 뒤에도 남겨졌다는 사실을 거의 감당할 수 없었다. 사람들을 따라가서 모어헤드 목사가 무슨 말을 하는지 들어보기로 했다. 모어헤드 목사는 주님의 재림을 믿거나 설교한 적이 없는데, 이제 그는 어떤 이론을 제시하려고 할까?

짐이 어머니와 함께 수없이 참석했던 교회에 도착해 보니 휴거를 더 실감하게 되었다. 오랫동안 오른쪽 두 번째 의자에 어머니가 앉아 있는 것을 보아왔지만 오늘 아침에는 알 수 없는 사람이 그 자리를 차지하고 있었다.

짐은 모인 사람들을 찬찬히 살폈다. 아는 사람도 있고, 그렇지 않은 사람도 있었다. 적지 않은 사람이 어머니의 교회와 예배 방식을 비난했었다. 그들은 교회를 박해했지만 이제는 사망선고를 기다리는 죄수처럼 창백하고 일그러진 얼굴을 하고 그곳에 모여 있었다.

강사가 강단 뒤에 자리 잡자 청중 사이로 침묵이 흘렀다. 그가 핏기를 잃고 초췌한 모습으로 섰다. 술에 취한 사람처럼 보였다. 눈에는 핏발이 섰고, 누가 보더라도 눈물을 흘린 게 분명했다. 그는 너무 울부짖어서 그것이 더 이상 불가능한 상태였다.

8시 경에 모어헤드 목사의 부인이 보니 자녀들이 없어졌고 그래서 경찰에 연락을 취했다. 그들에 따르면 수백 명의 아기들이 어른들처럼 사라졌다고 했다. 모어헤드는 처음에 귀를 의심했다. 그렇지만 사실은 사실이었다. 휴거가 현실이 된 것이었다.

이전까지만 해도 그는 강단에 서서 사람들에게 휴거는 꿈에서나 가능한 광신적인 믿음이고 성경에는 언젠가 주님이 재림한다는 기록이 없다고 장담했었다. 하지만 지금은 사정이 달랐다. 자신의 아이들이 사라졌지만 자신과 자신에게 속아 넘어갔던 사람들은 남아 있었다.

교인들은 분노하며 모어헤드 목사를 바라보았다. 그가 입을 열었지만 목소리가 제대로 나오지 않았고 눈물이 났다. 그 덕분에 사랑하는 사람을 잃고 고통스러워하는 대부분의 사람들도 함께 눈물을 흘렸다. 마침내 그가 작고 떨리는 음성으로 말하기 시작했다. 속내를 털어놓기 시작하자 무덤 같은 정적이 청중을 덮쳤다.

"형제자매 여러분, 제가 어리석었습니다. 눈먼 바보였습니다. 성경은 소경이 소경을 인도하면 구덩이에 빠진다고 말합니다. 오늘 아침까지도 이 말이 무슨 뜻인지 몰랐습니다. 제가 그렇게 행동하지 않았더라면 여러분 가운데 일부는 바로 지금 같은 고통을 겪지 않을 수도 있었습니다. 여러분, 저를 믿어주십시오!"

그가 잠시 말을 끊었다가 이었다.

"제가 여러분을 형제라고 부를 수 있다면 말입니다…."

바로 그 순간 제인 슬로언이 건물을 등지고 일어서서 목사에게 고함을 질렀다.

"형제라뇨! 말도 안 돼요. 우리에게 거짓말할 때는 언제고! 우리가 믿을 수 있는 영적 지도자 시늉을 하면서 주님을 믿는 법을 가르쳐왔잖아요. 주님이 곧 재림한다고 생각하는 것은 터무니없는 짓이라고 말했을 때 우리는 정말이라고 생각했지만 그 일이 일어나고 말았어요!"

그녀가 발작하듯 비명을 질러댔다.

"아이들은 휴거되었지만 우리는 남아 있어요. 당신은 사기꾼이

116

에요! 하나님을 모독한 사람이에요! 우리의 영혼이 저주를 받으니 만족스럽죠! 당신은 우리의 형제가 아니에요! 우리의 영혼을 빼앗아가기 위해서 사탄이 사용한 도구였던 거예요!"

제인이 더 이상 말하지 못하도록 누군가 팔을 잡아당겨 앉혔다. 이 자리에 모인 사람들에게 그녀의 말이 사실과 다르다고 소리칠 수 있었으면 좋았겠지만 그녀는 교인이었고 자신이 잘못 인도한 사람이었다. 제인의 말이 사실이라면 도대체 무슨 말을 할 수 있을까?

"오, 하나님! 불쌍히 여겨주옵소서!"

그가 울부짖었다.

"성경의 내용이 사실이라는 것을 알고 있습니다. 이제는 모두 알고 있습니다. 제가 범한 잘못을 바로잡을 수 있다면 생명을 바칠 테니 믿어주십시오. 우리 어머니는 이런 일이 언젠가 일어날 것이라고 일러주신 훌륭한 믿음의 사람이었습니다. 대학에 입학해서 부패한 교리를 마셨고, 성경과 동정녀 탄생에 대한 불신앙을 먹었고, 그래서 저는 지금 이렇게 남아 있게 된 것입니다. 저는 그것이 논리적이고, 세련되었다고 생각했습니다. 그래서 구식을 따르는 어머니보다 더 많이 알고 있다고 생각하면서 집으로 돌아왔습니다. 그분에게 자랑하고 싶었지만 듣지 않으려고 하셨습니다. 그리고 그분이 제 말을 믿지 않은 것에 대해서 하나님께 감사하고 있습니다. 저처럼 남겨지지 않았기 때문입니다. 저는 그분이 무식한 게 부끄러워서 그분의 집을 찾아가지 않으려고 했습니다. 그런데 그분은 휴거되었습니다. 이 자리에 참석하기 전에 어머니의 집에 다녀왔기에 저는 그분이 떠난 것을 알고 있습니다."

눈물이 앞을 가렸다. 얼굴이 눈물로 범벅이 되었지만 계속해서 말을 이어나갔다. 할 말이 아주 많았다.

"교인 가운데 한 분이었던 밴스 데이는 제가 주님의 재림을 부정했기 때문에 설교 시간에 자리를 떴습니다. 오늘 아침에 우리 아기가 사라진 것을 확인하고서 제 자신을 바로잡으려고 그의 집으로 달려갔습니다. 밴스 데이와 그의 아내 모두 없었습니다. 우리는 사실을 제대로 직시해야 합니다. 성경의 약속처럼 주님은 재림하셨습니다. 수천 명의 사람들이 사라진 것에 대해서 다양한 가설들이 존재하지만 더 이상 속아서는 안 됩니다. 주님은 정말 재림하셨고 자녀들을 데려가셨습니다.

저는 사탄이 저를 속이도록 내버려두었습니다. 가끔 걱정이 될 때도 있었지만 예수님이 재림하실 것이라는 생각을 떨쳐버릴 수 없었습니다. 하지만 그런 이야기를 믿는 것은 교양 없는 사람들에게나 해당되고 대학에서 배운 대로 사람들이 그릇될 리 없다고 계속 스스로를 타일렀습니다. 결국, 오랫동안 이 문제를 놓고 씨름을 벌이다가 하나님의 아들이 재림한다는 교리는 완전히 날조된 것이라고 확신하게 되었고, 제 마음은 해방되었습니다.

오늘 아침에 데살로니가전서 2장 11절과 12절이 생각났습니다. '너희도 아는 바와 같이 우리가 너희 각 사람에게 아버지가 자기 자녀에게 하듯 권면하고 위로하고 경계하노니 이는 너희를 부르사 자기 나라와 영광에 이르게 하시는 하나님께 합당히 행하게 하려 함이라.' 누가 뭐라고 하더라도 이제는 성경이 문자 그대로 옳다는 것을 알고 있습니다. 하나님! 어째서 사탄이 저를 속이도록 내버려둔 것입니까?"

모어헤드 목사의 우울한 말이 계속되었다.

그의 교인들 대부분이 눈물을 흘렸다. 그들은 목사만 전적으로 비난할 수 없었다. 자신들도 전임 목사에게서 언젠가 주님이 재림할 것이라고 배웠기 때문이다. 다른 사람의 말을 반드시 따라야 하는 것은 아니었다. 일부 교인들처럼 자신들의 교회를 떠나서 페어뷰교회로 갈 수도 있었다.

모어헤드 목사는 계속해서 말하려다가 입을 다물었다. 그렇다고 해서 자신에게 속은 사람들을 이제 어떤 말로 바로잡을 수 있다는 것일까? 그는 하나님의 수많은 사역자들이 예수님의 재림에 관한 복된 소망을 소개했던 강단을 정신을 차리지 못하고서 비틀거리며 내려왔다. 오늘 그들은 이 자리에 없었다. 주님과 함께 지내기 위해서 들림을 받았기 때문이다.

그가 통로를 지나가자 욕설이 곳곳에서 들려왔다. 기력을 잃고 떨면서도 마침내 문을 열고 거리로 나갔다. 어떻게 집에 왔는지 알지 못했지만 거실에 엎어져서 눈물을 흘렸다.

"하나님, 당신의 말씀을 믿었더라면 얼마나 좋았을까요. 저 같은 목사들 때문에 수많은 사람이 어둠 속에 살다가 남겨지게 되었습니다."

페어뷰교회에 모인 사람들 가운데는 파란 눈을 가진 메리 콘웨이라는 열일곱 살의 소녀가 끼어 있었다. 그녀는 이곳이 낯설었다. 줄곧 이 교회에 참석하면서 주님의 재림에 관해서 배웠지만 이런 상황이 닥칠 것이라고는 한 번도 생각해본 적이 없었다.

메리의 부모는 성실하게 교회생활을 했고 많은 영혼들을 주님께 인도했었다. 메리는 주님이 언젠가 재림한다는 것은 믿고 있었지만 평생 주님의 재림에 관한 설교를 들으면서도 자신이 살아 있는 동안에 그런 일이 일어날 것이라고는 전혀 생각하지 않았다. 주님과의 관계를 잘 유지하려고 했지만 그분께 헌신하기에는 자신이 너무 어리고, 또 시간은 충분하다고 생각했다. 주님의 재림에 관한 설교가 몇 년째 계속 되었고, 그녀는 주님이 실제로 오기 전까지는 더 많은 세월 동안 이런 교리를 듣게 될 것이라고 생각했다.

주일 밤에 메리는 주님의 영이 이전과는 전혀 다른 방식으로 다가오는 것을 느꼈다. 너무 확신이 강렬하다 보니 거의 쓰러질 지경이었다. 하지만 강단으로의 초대가 끝날 때까지도 계속해서 머뭇거렸다. 그리고 자신이 있는 곳에서 여전히 자리를 지켰다. 메리는 하나님의 집에 앉아서 늘 이런 식으로 생활했다.

주님을 진심으로 사랑한 하나님의 오랜 성도들이 앉던 자리를 낯선 사람들이 차지하고 있었다. 페어뷰교회의 일부 교인과 친구들이 낯선 사람들과 함께 나란히 앉아 있었다.

메리는 전날 밤으로 돌아갈 수만 있다면 모든 것을 바칠 수 있었다. 이 자리에 있는 대신에 주님과 함께 모습을 감췄을 것이다.

이 재앙은 어째서 발생했을까?

메리는 조명이 어두운 건물에 앉아 있었는데 어젯밤 이후 꽤 시간이 흐른 것 같았다. 가정예배를 드리고, 아버지가 부드러운 검정 가죽 성경을 읽고, 그리고 어머니가 불을 끄기 전에 자신의 볼에 부드럽게 입을 맞추던 장면들은 여전히 생생했다.

월요일 아침에 메리는 깜짝 놀라 잠에서 깨어 침대에 앉아 있었다. 너무 조용하고 고요했다. 시계를 보니 여덟시 반이었다.

"뭐야, 오늘 학교에 가는 날이잖아! 엄마가 어째서 깨우지 않았을까? 한 번도 늦잠을 자도록 내버려둔 적이 없었는데. 고등학교 졸업반이라서 하루라도 결석하면…."

침대에서 빠져나와서 급히 옷을 챙겨 입었다. 무엇인가 잘못되었다고 생각하면서 부엌으로 달려가며 거의 고함에 가깝게 소리쳤다.

"엄마! 엄마!"

설거지하는 소리가 들리지 않았다. 집 안에 이상한 기운이 감돌았다. 부엌 입구에 서서 이리저리 살펴보았다. 어디에도 어머니는 없었다. 스토브의 버너는 불에 달궈졌지만 요리가 시작되지는 않았다. 냄비에는 기름이 둘려 있고, 팬케이크를 만들려고 일부 반죽이 되어 있었다.

어머니는 이런 식으로 일하는 법이 없었다고 생각했다. 어쩌면 거실에 메모를 남겨두었을지도 모를 일이었다. 어머니가 언제나 필요할 때면 메모를 남기는 라디오 위를 살펴보았지만 아무것도 없었다.

어머니와 아버지가 누군가 몸져누워서 기도 요청을 받은 게 아닌지 생각해보았다. 어째서 그 생각을 못하고 괜한 걱정을 했을까? 메리의 부모는 이른 아침에도 기도 요청을 받고서 환자를 돌볼 때가 여러 번 있었지만 외출 전에 자신에게 알리거나 메모를 남겼었다.

메리는 어쩌면 너무 급해서 잊어버렸거나, 아니면 지금쯤 돌아올 계획이었을지도 모른다고 생각을 정리했다.

기다리는 것 외에는 달리 할 일이 없었다. 너무 늦어서 제 시간에 학교에 도착하기는 불가능했다. 좋아하는 라디오 방송을 틀었다. 그러고는 잡지를 집어 들고서 자리에 앉았다.

갑자기 하늘이 무너지는 것 같은 소리가 들려왔다.

"오늘 아침 6시경에 수천 명의 사람들이 사라졌습니다."

앵커가 계속해서 소식을 전했다.

"도무지 이해할 수 없는 일입니다. 온갖 억측이 무성하지만 확실하게 밝혀진 사실은 없는 것 같습니다. 예수가 재림해서 사람들을 데려갔다는 최근의 뉴스 기사가 가장 널리 알려진 내용입니다."

메리의 얼굴에서 핏기가 빠져나갔다. 그녀의 숨소리가 균형을 잃고서 빨라지기 시작했다.

"그럴 수 없어!"

메리가 날카롭게 소리쳤다.

"그런데 내가 어째서 이렇게 안절부절못하는 걸까! 꾸며낸 이야기가 틀림없어."

앵커는 계속해서 자세한 내용을 보도하면서 실종자 명단을 읽어 내려갔다. 메리언 스텔슨과 콜린스의 이름이 보도되자 정신이 아득해지고 눈앞이 캄캄해지기 시작했다. 지금은 정신을 잃을 때가 아니었지만 수습하기가 쉽지 않았다.

불과 어젯밤만 하더라도 하나님께 기도하고 찬양하는 하나님의 사랑스러운 성도들과 함께 지냈었다. 그들이 사라졌다면 휴거가 일 어난 게 분명했다.

현관문에 다가갈 때까지도 메리는 자신의 행동을 전혀 의식하 지 못했다. 이리저리 길을 살피면서 사방으로 내달리는 사람들을 지켜보았다. 사람들은 발작하듯 울부짖거나 기도하면서 집 앞을 지 나쳐갔다.

"오늘 아침 6시경에 수천 명의 사람들이 사라졌습니다!"

길 건너에 사는 이웃 가운데 한 사람이 고함을 질렀다.

"엄마와 아빠도 거기에 계시는 거야! 예수님이 재림하셨어!"

메리가 울부짖었다. 엄청난 공포가 밀려오는 것 같더니 눈앞의 세상이 점점 어두워졌다. 갑자기 현실의 무게를 있는 그대로 느낀 메리가 소리쳤다.

"오, 주님! 당신은 재림했지만 저는 맞이하지 못했어요! 어찌 해 야 하나요? 엄마와 아빠는 떠났고, 저만 이렇게 혼자 남았습니다!"

사실처럼 느껴지지 않았다. 지난밤에 교회에서 모든 성도들과 함께 있었고, 휴거는 미래의 사건으로 소개되었는데, 이제 그것은 과거의 일이 되고 말았다.

메리는 급히 거리로 나가서 애통해하는 수백 명의 사람에게 합

류해서 걸었다. 어디로 가야할까? 그들에게는 분명한 목적지가 없었다. 어디로든지 가면서 움직이다 보면 고통도 잊힐 것 같았다.

메리는 성도들이 정말 사라진 것인지 확인하고 싶었다. 잘못 알려진 일이라면 얼마나 좋을까! 메리는 예수님이 재림하실 때를 준비하고 있었을 것 같은 교인을 찾기 위해서 집집마다 문을 두드렸다. 그러나 하나님의 진정한 성도는 어디에서도 만날 수 없었다.

그녀는 어디를 가는지 확인할 수 없을 때까지 뜨거운 눈물을 흘렸는데, 거의 감당할 수 없을 정도로 가슴이 무거워졌다. 강력한 태풍이 불어와서 사랑하는 사람들을 모두 휩쓸어간 것 같았다. 죽음이 닥쳐서 숨이 멎으면 좋을 것 같았다.

사람들이 필사적으로 페어뷰교회로 몰려갔고, 메리 역시 뒤따랐다. 어쨌든 모어헤드 목사가 조금이라도 희망을 줄 수 있을까? 주님의 재림에 관한 교훈이 광신자의 무리가 꾸며낸 일이라고 여전히 주장할까, 아니면 솔직하게 성경의 내용이 사실이라고 인정할까?

수많은 사람을 마주하고 선 모어헤드 목사는 이전과 달랐다. 과거에는 하나님의 사람들과 다투면서도 자신이 주님의 편이라고 여전히 주장했었다. 메리는 늘 그런 종류의 사람들 때문에 하나님의 나라가 말할 수 없는 피해를 입고 있다고 생각했다.

오늘 아침에 메리는 그의 고백을 진지하게 들었다. 그가 수많은 사람 앞에서 속마음을 털어놓는 모습은 감동적이었다. 사실 그것은 당연한 일이었다. 이 사내는 마침내 하나님 말씀의 진리를 깨닫고서 자신이 속았다는 사실을 알게 된 것이다. 메리는 그가 안쓰럽다고 생각했다. 그는 잘못을, 그것도 엄청난 잘못을 범하고 속았지만 이제는 그것을 고백하고 있었다. 메리는 그런 그의 고백이 자신에게 도움이 되지 않는다는 것을 알고 있었다.

사람들의 얼굴을 살펴보니 두 눈에는 고통과 아픔이 자리 잡고 있었다. 그들은 어째서 모어헤드 목사가 자신들을 암흑에 빠지지 않도록 진리를 있는 그대로 전하지 않았는지 자문하고 있었다. 이제 그는 용서를 바랐다!

마침내 모든 사람이 자리를 떴고 메리만 홀로 남아서 생각에 잠겼다. 살아가야 할 이유를 찾을 수 없었다. 하나님의 성도들이 모여서 예배하는 모습과 하나님을 한껏 찬양하는 소리를 상상해보았다. 오늘 그들이 이곳에 있다면 기도의 제단으로 달려가서 구원을 받고 싶었지만 이제는 너무 늦은 일이 되고 말았다. 그때는 이렇게 그들이 그리워질 것이라고는 꿈에도 생각하지 못했었다.

짐은 무거운 마음으로 교회를 떠났다. 새로울 게 없는 내용이었다. 주님이 재림하셨다는 것은 알고 있었다. 누가 무슨 말을 하더라도 사실이 그랬다. 휴거가 일어났다는 것은 전혀 의심할 수 없는 일이라고 생각했다.

그는 오늘 아침에 오랫동안 떨어져 지냈던 어머니와 아버지가 얼마나 기뻐하고 있을지 상상하며 거리를 걸었다. 어머니는 늘 이런 순간을 기다려왔다. 마침내 그때가 온 것이었다. 그들과 함께 있을 수도 있었지만 성령의 부름을 알아차리지 못했다.

짐은 조가 운영하는 가게를 지나쳤다. 가게 문은 닫혀 있었다. 조는 진정한 십자가의 군사였다. 자신의 사업보다는 주님의 일이 우선이었다. 조가 수요일 밤 예배에 늦지 않기 위해서 손님들을 재촉하던 모습이 떠올랐다. 그는 물질적인 세계에 집착하지 않게 되었고, 하나님이 만들고 조성한 나라를 추구했기 때문에 주님이 재림하실 때 준비가 되어 있었다.

제빵업자가 배달하는 빵이 문에 놓여 있었지만 조는 토요일에 남김없이 팔아치웠다. 우유와 채소는 빵 옆에 쌓여 있었는데, 조에게는 필요 없는 것들이었다.

조가 주님께 돌아오라고 여러 차례 설득하던 모습이 기억나자 짐의 두 눈에서 눈물이 흘러내렸다. 이제 그는 조에게서 주님의 이름을 두 번 다시 들을 수 없다는 것을 알고 있었다. 준비할 수 있는 그렇게 많은 기회를 어떻게 해서 놓쳐버린 것일까?

7.
되돌아올 수 없는 기회

헤스터가 낸시의 집에서 돌아와 보니 어머니는 발작을 일으킨 상태였고 아버지는 여전히 기도하면서 울부짖고 있었다. 낸시가 사라졌다고 말하고 싶었다. 하지만 그들이 흥분한 상태였기 때문에 말을 꺼내려면 어느 정도 시간이 필요하다는 것을 알고 있었다.

주님이 재림하기 전날 밤에 주님을 만날 준비를 한 낸시는 얼마나 좋았을까! 자신도 성령의 강력한 역사 때문에 준비할 수 있었지만 받아들이지 않았다.

예배에 참석했지만 자신처럼 주님을 만날 준비를 하지 않았던 사람들은 모두 어찌 되었을까? 헤스터는 그들 가운데 일부가 한때는 주님을 믿었으나 사탄의 꾐에 빠지는 바람에 남아 있게 되었다는 것을 알고 있었다.

남겨졌다는 것은 누구에게든지 불행한 일이 분명했지만 한때 주님을 믿은 사람이 남겨지게 된 것은 정말 두려운 일이었다. 지난 밤에 강단으로의 초대를 받아들였어야 했다. 하지만 이제는 너무 늦어버렸다. 목사님의 설교처럼 후회만 몇 배 더 심해질 뿐이었다. 누구도 자신의 비참하고 슬픈 마음을 설명할 수 없었다. 휴거의 기회를 놓친 게 너무 고통스러워서 실감이 나지 않았지만 그 사실까지 부정할 수는 없었다. 계속해서 뉴스가 전해지는 것은 물론, 낸시는 사라졌고 해너는 일하러 나타나지 않았다.

콜린스도 떠났을까? 헤스터는 확실히 알고 싶었다. 거리를 달려 올라가면서 초췌하고 일그러진 표정을 하고 있는 사람들을 지나쳤다. 일부는 눈물을 흘리고, 일부는 발작을 하고, 일부는 풀이 죽은 채 초점을 잃고 보도에 앉아 있었다. 헤스터는 이런 비참한 장면을 외면하려고 했지만 가슴이 찢어지는 울음소리를 피할 수는 없었다.

콜린스의 집까지 가는데 상당히 많은 시간이 흐른 것 같았다. 마침내 흰색 울타리에 둘러싸인 작은 방갈로에 도착했다. 버치가 북슬북슬한 꼬리를 흔들고 짖으면서 헤스터를 맞았다. 걱정이 가득 찬 두 눈에 슬픔이 묻어났다.

문이 열려 있었다. 어쨌든 콜린스가 안에 있다면 휴거는 착오일 수 있었다! 헤스터가 크게 소리쳤다.

"콜린스 아주머니! 아주머니!"

하지만 여전히 너무 조용했다. 거실의 벽난로 위에서 시계가 똑딱거리는 소리가 현관까지 들려왔다. 평소와는 달랐다. 버치가 헤스터에게 바짝 다가서더니 갑자기 집 안으로 뛰어 들어갔는데, 마치 뒤를 따르라고 말하는 것 같았다. 떨면서 문 안으로 들어섰다. 낸시의 방에서 느꼈던 이상한 기운이 역시 느껴졌다. 거실의 중앙에 서서 둘러보았다. 콜린스답게 모든 게 단정했다. 헤스터는 얼마나 그렇게 오래 서 있었는지 의식하지 못했다.

버치가 콜린스의 침실에서 격렬하게 짖는 바람에 정신을 차리게 되었다. 어쩌면 몸져누웠을지도 모를 일이었다. 사람들은 전혀 불가능해도 이상하게 희망을 가지려고 할 때가 있다.

헤스터는 침실에 들어가서 광경을 보고 거의 숨이 멎을 지경이 되었다. 짐이 불과 몇 시간 전에 목격한 동일한 장면을 바라보면서 휴거가 실제로 일어난 것을 확신하게 되었다. 정돈된 방이 눈에 들어왔다. 침대 옆 바닥에는 콜린스의 신발, 옷, 안경이 놓여 있었다. 어제 오후에 교회에서 집으로 함께 걸어오면서 콜린스와 나눈 대화가 떠오르는 순간 눈물이 두 볼을 타고 흘러내렸다. 휴거가 발생할 때까지는 시간상의 문제였을 뿐이었다. 헤스터는 그곳에 서서 콜린스가 아침 6시경에 방에서 겪은 놀라운 경험을 결코 상상조차 할 수 없었다.

콜린스는 마지막 아침이라는 것을 의식하지 못한 채 5시 30분경에 일어났다. 짐과 루실에 대한 걱정 때문에 마음이 무거웠다. 그리고 주님의 재림이 임박한 것 같았다. 기도하면서 하나님께 마음을 내어놓고 나서 그녀는 주일 밤 예배 시간에 수많은 영혼이 주님께 돌아온 것을 생각하니 찬송이 생각났다.

콜린스는 침대를 정리하다가 지금까지 겪어온 즐겁고 슬픈 일과 주님이 언제나 자기 사람들 옆에 어떻게 함께 하셨는지 돌아보게 되었다. 오래된 찬송을 부르기 시작했다.

"나는 영광의 길을 가지요."

그때 갑자기 콜린스의 방에 하나님의 영광이 비추더니 커다란 음성이 들려왔다.

"보라. 신랑이 온다. 밖으로 나가서 그분을 맞이하라!"

주님의 음성이 들리자 콜린스의 가슴이 뛰었다. 그때 그녀의 몸에 무엇인가 닿는 것 같았고, 한 번도 느껴보지 못한 평온한 느낌이 온몸으로 번져나갔다. 변화된 것이었다. 눈 깜짝할 정도의 순간에 그녀는 변화되었다. 공중으로 들려지는 것 같은 느낌이 들었고, 하나님의 성도들이 휴거되면서 자신들의 구속자를 찬양하는 소리가 들려왔다. 그들의 음성이 폭포를 이루었다.

"할렐루야! 할렐루야! 할렐루야! 할렐루야!"

콜린스는 수많은 사람과 함께 외쳤다.

"오, 영광의 아침이여! 오, 무덤이여! 네가 이기는 것이 어디에 있느냐! 오, 죽음이여! 네가 쏘는 것이 어디에 있느냐!"

사망이 이김의 삼킨 바 된 것이다. 그들은 주님과 영원히 함께 지내기 위해 휴거되었다.

헤스터는 돌아서서 급히 방을 나갔다. 마음을 심란하게 하는 장면에서 벗어나고 싶었다. 평생을 따라다니게 될 장면이었다. 거실에 들어가서 책상에 펼쳐져 있는 성경을 슬쩍 바라보았다. 헤스터는 짐이 읽었던 구절을 똑같이 읽었다.

"이러므로 너희도 준비하고 있으라. 생각하지 않은 때에 인자가 오리라"(마 24:44).

온몸에서 식은땀이 흘렀다. 그것은 사람들에게 준비하도록 경고하는, 하늘에서 직접 전해진 메시지였다. 이제 그 일은 발생했고 자신과 같은 수많은 사람이 남아 있게 되었다.

버치가 헤스터에게 가까이 다가왔다. 허리를 굽혀서 부드럽게 쓰다듬으면서 사람을 대하듯 말을 건넸다.

"얘, 주인은 떠났어. 믿거나 이해하기가 쉽지 않겠지만 사실이야. 버치, 슬퍼할 필요는 없어. 그분은 이 순간을 기다리면서 살아오셨거든. 늘 그런 말씀을 하셨단다. 오늘 아침에 분명히 주님과 함께 즐겁게 지내고 계실 거야."

밖으로 나온 헤스터는 하늘을 올려다보며 그 순간에 콜린스가 분명히 누리고 있을 즐거움과 평안을 짐작해보았지만 눈물이 고여 오는 바람에 하늘을 더 이상 바라볼 수 없었다. 앞을 제대로 볼 수 없어서 비틀거렸다. 머뭇거리다가는 살고 싶지 않을 것 같았다.

길을 걸어가는데 누군가 우는 소리가 들렸다. 여성의 음성이었는데, 짐작이 가지 않았다. 발작적으로 울부짖는 것에는 이제 익숙해졌지만 이 사람의 울음소리는 너무 컸다. 바로 그때 피켓 부인의 집 중앙 계단에 누군가 눈물을 흘리며 앉아 있는 것이 보였다. 헤스터가 그 사람에게로 급히 걸어갔다. 가까이 가보니 피켓이었다. 헤스터가 말을 건네자 대답 대신에 더 크게 울었다. 헤스터가 안정을 찾도록 여러 번 노력하고 나서야 자제력을 회복하기 시작했다. 그녀가 올려다보면서 울었다.

"이 일을 어쩌면 좋니! 너도 남아 있었구나!"

"피켓 부인, 가족 가운데 없어진 사람이 있나요?"

헤스터가 걱정하며 물었다.

"아니야. 한 명도 휴거된 사람이 없단다. 그런데 우리 딸 해젤이 라임즈 병원에서 간호사로 일하고 있다는 것 알고 있니?"

"물론이죠."

헤스터가 대답했다.

"휴거가 일어났을 때 해젤은 신생아실에서 일하고 있었어. 사람들이 하는 말이 휴거가 일어났을 때 그 애가 신생아실 한 가운데 있었다고 하더구나. 주변을 돌아보는데 어느 침대에서도 울음소리가 들리지 않더래. 신생아실의 아기들이 사라져버린 거야. 해젤은 어찌 된 영문인지 알지 못했어. 누가 들어와서 아기들을 데려간 것도 아니었을 텐데. 아기들이 공중으로 사라진 거야. 해젤이 발작을 일으키면서 소리를 질러대기 시작했다는구나. 간호사 몇이 급히 달려갔어. 해젤이 그럴 정도면 어떤 큰일이 벌어진 것이라고 생각했지. 그 애는 응급상황에서도 늘 침착했거든. 진정시키고 한참 뒤에 아기들이 공중으로 사라진 사연을 들었다는구나.

처음에는 그 사람들도 해젤의 말을 믿지 않고 서로 제정신이 아닌 것 같다고 눈짓을 주고받았다는 거야. 그래도 고집을 피우니까 사람들이 아기들을 찾기 시작했고, 모두 사라졌다는 사실을 알게 되었지! 모두 와락 겁이 난 거야. 아기들이 사라진 바로 그 순간에 또 다른 방에 있는 간호사가 비명을 질렀어. 깁스해서 병상에서 움직일 수 없는 어떤 환자가 깁스를 고스란히 남겨둔 채 사라진 거야. 의사들이 깁스를 떼어 내려면 몇 시간이나 걸리는데 말이지. 그 간호사는 환자에게 얼음을 가져다주려고 갔었는데, 돌아와서 문을 여는 순간에 환자가 눈앞에서 사라진 거야. 믿을 수 없는 일이었지!

다른 간호사들도 환자 가운데 사라진 사람들이 있다는 것을 알게 되었어. 응급상황에 익숙한 사람들이기는 했지만 발작을 일으킬 정도로 충격적이었어. 환자 가운데 한 명은 텔레비전 뉴스에서 수천 명의 사람들이 사라졌다는 엄청난 비극을 접하고서 미친 듯이 고함을 질러대기 시작했대. 전에는 신앙생활을 하던 사람이라서 주님의 재림을 알고 있었고, 그래서 곧장 상황 파악을 했던 거지. 그 사람이 하도 소란을 피우니까 모든 간호사가 병실로 달려가 텔레비전을 보고서 주님이 재림했다는 사실을 알게 되었다고 했다는 거야. 간호사들 가운데 일부는 기절하고, 또 일부는 발작을 일으켰지.

해젤은 예수님이 재림해서 사람들을 데려갔다는 소식을 듣고서 너무 충격을 받았단다.

"헤스터, 우리 해젤이 제정신이 아니라니 정말 어쩌면 좋니. 병원에서 전화가 왔단다. 해젤을 꼼짝 못 하게 묶어놓지 않을 수 없다는 거야. 우리 아이를 생각하면 견딜 수 없어! 그렇게 총명하던 아이였는데! 사라진 사람들은 내가 전혀 모르는 사람들이란다. 그 사람들을 생각할 겨를도 없었단다. 헤스터, 네가 보기에 정말 예수님이 재림한 거니?"

피켓은 마치 사형선고를 기다리는 것처럼 바라보았다.

"그래요, 피켓 부인. 사실이에요. 예수님이 사람들을 데려가신 거예요."

헤스터는 어젯밤에 낸시가 교회에 가서 예수님을 믿게 된 것과 낸시와 콜린스가 사라진 것을 알게 된 과정, 콜린스의 침실에서 본 것을 자세히 전했다.

피켓은 꿈을 꾸는 기분이었다. 실제로 예수님이 자신을 믿는 사람들을 위해서 재림하신다는 것을 믿은 적이 없었다. 이제는 믿고 싶지 않아서 그것은 사실이 아니라고 자신을 설득하려고 노력했다. 그녀는 헤스터가 하는 말이 사실이 아니기를 진심으로 바랐지만 헤스터는 주저하지 않고 사실을 있는 그대로 분명하게 소개했다.

"주님이 사람들에게 이런 슬픔을 주시려고 한 것은 아니에요. 그분은 정의로운 하나님이시고 너무 영광스러운 분이라서 이런 일을 하지도 않으세요."

피켓이 이유를 물었다.

"어째서 재림을 해서 지상에서 사람들을 빼앗아 간 거지?"

"예수님은 지상에 사는 어떤 사람도 빼앗아 가지 않았어요. 자신을 믿는 사람들을 위해서 옳은 일을 하러 오신 거예요. 피켓 부인, 우리가 준비할 시간이 있었다는 것을 아시잖아요. 예수님의 재림에 대해서 알고 있었잖아요?"

헤스터가 따지듯 물었다.

"평생 그 말을 들었지만 실제로는 그런 일이 일어날 것이라고는 생각하지 못했어. 몇 년간 교회에 다니지 않아서 그런 설교를 들어본 것은 오래전 일이었단다. 할 일이 너무 많았거든. 주중에는 일을 하고 일요일에는 낚시를 하거나, 교회에 가는 것보다 훨씬 더 즐거운 일을 해야 했으니까. 남편은 교회에 대해서 별다른 관심을 가져본 적도 없었지. '무슨 일이 벌어지든지 우리가 어찌해볼 수 있는 일이 아니야' 라는 게 그 사람의 생활철학이었단다."

"사실이 아니에요! 주님은 우리 모두에게 주님과 동행을 준비할 수 있는 자유로운 선택권을 주셨어요. 그분의 보혈 덕분에 온 인류가 오늘 아침을 맞이할 준비를 할 수 있었던 거라고요. 그분의 보혈을 거절하는 바람에 우리는 남아 있게 된 거예요."

"믿을 수 없어."

피켓이 말을 잘랐다.

"정말 믿을 수가 없구나. 그런 쓸데없는 얘기는 믿고 싶지 않아."

그 말을 듣자 헤스터가 흥분했다.

"피켓 부인, 믿고 싶은 대로 믿으세요. 부인 같은 분들 때문에 우리 모두가 남아 있게 된 거예요. 고집이 너무 강해서 하나님 말씀을 믿을 수 없는 거라고요."

헤스터의 마음속에서 분노가 일기 시작했다. 피켓이 눈물을 흘릴 때 느꼈던 연민은 완전히 사라지고 말았다.

헤스터가 피켓을 정면으로 바라보며 따지듯이 말했다.

"따님이 정신이 나간 것도 부인 때문이에요. 올바른 길을 가르쳐주었다면 주님과 함께 지내고 있었을 거라고요."

헤스터의 볼을 타고 눈물이 흘러내렸다. 어머니가 자신을 교회로 데려가서 바른길을 가르쳐주었다면 역시 남아 있지 않았을 것이라고 생각했지만 그다지 위로가 되지 못했다.

"부인 같은 어머니들은 오늘 아침에 진짜 반성해야 되는 거라고요!"

헤스터가 소리쳤다. 그러고는 피켓이 독사라도 되는 듯이 급히 돌아서서 달려갔다. 피켓 부인은 그 말 때문에 몹시 감정이 상했다. 헤스터에게 한마디 쏘아붙이려고 했지만 입을 떼기도 전에 헤스터는 길로 달려 나갔다. 그렇지만 그녀가 분을 삭이지 못하고 헤스터의 뒷모습을 바라보는 순간에 싸늘한 공포가 심장을 조여 오는 느낌이 들었다.

피켓은 주님이 재림했고 사라진 사람이 모두 함께 지내고 있다는 것을 믿고 싶지 않았다. 헤스터가 처음 찾아왔을 때는 잠시 수긍했지만 가버리고 난 뒤에는 마음을 돌리려고 애썼다.

"그런 터무니없는 말을 어떻게 믿을 수 있겠어!"

피켓이 중얼거렸다.

"무슨 일이 일어나더라도 우리와 상관없는 일이야."

마음속으로는 헤스터가 한 말이 옳다는 것을 알고 있었다. 딸에게 좋은 엄마 구실을 한 적이 없었지만 그것을 인정하고 싶지 않았다.

예수님이 재림했다는 사실을 보여주는 가슴 아픈 장면이 많았다. 누구도 그 모든 것을 이해하거나 공포를 모두 표현할 수 없었다. 발길을 돌리는 곳마다 휴거가 실제로 발생했다는 증거가 있었다. 아직 휴거를 준비할 수 있는 약간의 희망이라도 존재하면 좋겠지만 희망은 완전히 사라진 상태였다. 헤스터는 수많은 사람과 함께 환란의 시대를 겪어야 했다. 현실처럼 느껴지지 않았지만 이제는 그것이 꿈이 아니라는 것을 알고 있었다.

주일에 주님의 재림과 환란에 관한 설교를 들을 때는 먼일로 느껴졌지만 이제는 현실이 되어 버렸다. 내일을 바라볼 수만 있다면 사정은 달라졌을 것이다. 그렇지만 인생의 과정은 그렇지 않아서 오늘은 사람들의 몫이고, 내일은 하나님의 소유였다. 오직 하나님만이 내일 닥칠 일을 알고 계실 뿐이었다. 준비하라는 경고가 사람들에게 주어졌고, 하나님은 자신의 아들이 예상치 못한 순간에 재림할 것이라고 말씀하셨다.

웬일인지 장의사의 집 앞에 많은 사람이 모여 있었다. 무엇 때문에 오늘 같은 날 아침에 장의사의 집 앞에 사람들이 모여 있는 것일까?

장의사 웨슬리 버트램이 흥분해서 떠들고 있었다.

"정말이지 저는 모르는 일입니다! 평생 이 일을 해오면서 이런 일을 겪어보기는 처음입니다. 구석구석 살펴보았지만 찾을 수가 없었습니다. 제가 할 수 있는 일은 다 했습니다. 경찰에게도 여러 번 연락했지만 연결이 되지 않아서 통화는 하지 못했습니다."

헤스터는 사람들 사이를 헤치고 앞으로 나가서 자초지종을 들었다. 회색 양복을 깔끔하게 차려입고 모자를 쓴 사내가 웨슬리 버트램과 정면으로 마주하고 있었는데, 왼손을 움직일 때마다 다이아몬드 반지가 햇빛을 받아서 반짝였다.

"이제는 더 들을 필요도 없소! 장례식을 치르기 위해서 어젯밤에 집사람의 시신을 이곳으로 가져와 놓고서는 오늘 아침에 와서 사라졌다고 하니 말이 되는 거요? 이런 식으로 재주를 부려서 아내의 시신을 되찾는 비용을 제대로 뜯어낼 생각이라면 포기하는 게 좋을 거요! 당신을 반드시 고소하고 말겠어! 동전 한 닢까지 모두 받아낼 거요! 정오까지 시간을 주지. 그때까지도 시신을 찾아놓지 않으면 더 이상 말로 하지 않겠소. 나머지는 변호사가 알아서 할 거요. 노인 양반, 내가 가지고 있는 힘으로 두 번 다시 사업을 못하게 할 수도 있다는 것이나 알아 두시오."

웨슬리 버트램이 무기력하게 머리를 흔들었다. 더 이상 가늠할 수 없었다. 어떻게 하라는 것일까? 4시간 동안 사라진 시신을 찾아보았지만 이 황당한 문제를 해결할 길이 없었다. 누군가 이 사내가 부자라는 것을 알고서 시신을 훔쳐 갔다는 것 말고는 해답이 없었다. 그럴 가능성은 충분했다. 그게 아니라면 이런 나쁜 짓을 할 수 있는 사람이 없었다. 평생 이 일을 해왔지만 시신을 훔쳐 갔다는 말은 들어본 적이 없었다. 시신을 지키기 위해서 경비를 고용해야 한다는 생각은 꿈에도 하지 않았다.

손가락에 커다란 다이아몬드 반지를 낀 사내가 돌아서려고 할 때, 헤스터가 그의 소매를 잡았다.

"선생님."

헤스터가 말하자 존 드레스덴이 급히 돌아서면서 그를 바라보았다. 그의 크고 검은 두 눈에는 고통밖에 남아 있지 않았다. 그는 몹시 화가 난 상태라서 거친 말을 내뱉기 시작했다. 전부터 그런 방식으로 살아온 사람이라 분을 삭이지 못하고 있었다. 웨슬리 버트램을 윽박지르고 위협해도 전혀 문제를 해결하는 데 도움이 될 것 같지 않았다. 장의사는 여전히 모르는 일이라고 완강하게 고집을 세우고 있었다.

"무슨 일이지?"

그가 가까스로 음성을 조절했다.

"부인이 그리스도인이었나요?"

심상치 않은 헤스터의 행동이 존 드레스덴의 관심을 끌었다.

"생각해 보면 그랬던 것 같은데."

그가 말했다.

"늘 신앙생활에 관한 이야기를 했지만 나는 집사람에게 그리 신경을 쓰지 않았어. 집사람이 좋아하는 일이라면 상관하지 않았으니까. 나는 해야 할 일이 있고, 집사람은 하고 싶은 일은 무엇이든지 할 수 있을 정도로 시간이 넉넉했어. 그런데 집사람의 시신이 사라진 것과 그리스도인이라는 게 무슨 상관이 있다는 거지?"

존 드레스덴은 자신이 이 소녀와 대화를 나누고 있다는 것 때문에 놀랐다. 다른 때라면 두 번 다시 생각하지 않고 그냥 지나쳐서 자기 길을 갔을 것이다.

헤스터가 하는 말에 흥미를 느낀 주변 사람들이 조금 더 가까이 다가왔다. 어쩌면 이렇게 시신이 사라진 엄청난 수수께끼를 해결하는 데 도움이 될 어떤 중요한 정보를 가지고 있을지도 모를 일이었다.

"부인이 정말 하나님의 자녀였다면 재림의 복된 소망을 가지고 있었을 거예요."

"그게 무슨 말이지? 수수께끼처럼 말하지 말거라. 이 말도 안 되는 사건을 정말이지 끝내고 싶어. 도움을 줄 수 있다면 빨리 말해 보거라."

"예수님이 오늘 아침 여섯 시경에 자기 사람들을 데리러 재림했어요. 부인은 그리스도인이었기 때문에 그리스도를 믿고 죽은 다른 사람들처럼 영혼과 재결합하기 위해서 몸이 변화되고 휴거된 거라고요. 수많은 사람이 지상에서 사라진 오늘 아침에 하나님의 성도들이 부활했어요."

존 드레스덴이 두려움에 사로잡힌 채 믿을 수 없다는 듯이 바라보았다.

"공동묘지에 가면 분명히 많은 무덤이 파헤쳐져 있을 거예요."

헤스터가 계속해서 말했다.

존 드레스덴이 달려가자 사람들이 그 뒤를 따라서 공동묘지로 향했다. 헤스터만 홀로 남아서 잠시 그들을 바라보다가 이윽고 뒤따랐다. 헤스터는 당도하기 전에 사람들의 탄식 소리를 듣고서 그들이 부활의 믿을 수 없는 결과를 전하고 있다는 것을 알게 되었다.

공동묘지 입구에 가까운 무덤이 열려 있었는데, 헤스터와 장의사의 집 앞에서 대화를 나누었던 깔끔한 차림의 사내가 손수건을 들고 눈물을 흘리면서 비어 있는 무덤을 내려다보고 있었다. 잠시 그의 옆에 서 있었지만 전혀 의식하지 못했다.

헤스터는 고린도전서 15장 42절부터 44절이 생각났다.

"죽은 자의 부활도 그와 같으니 썩을 것으로 심고 썩지 아니할 것으로 다시 살아나며 욕된 것으로 심고 영광스러운 것으로 다시 살아나며 약한 것으로 심고 강한 것으로 다시 살아나며 육의 몸으로 심고 신령한 몸으로 다시 살아나나니 육의 몸이 있은즉 또 영의 몸도 있느니라."

"무서운 일이다. 그렇지 않니?"

존이 떨면서 말했다.

"물론이죠."

헤스터가 대답했다.

"이제는 부인의 시신이 사라진 것에 대해서 제가 했던 말을 아시겠죠?"

"그래."

그가 목이 메는 음성으로 대답했다.

"이제는 이해한다. 하지만 그것을 인정하기가 쉽지 않구나."

그의 얼굴에서 깊은 시름이 묻어났다. 턱 부분이 씰룩거렸다. 그의 고통은 거의 감당할 수 있는 수준을 넘어서 있었다.

헤스터는 열려 있는 무덤을 잠시 이리저리 살펴보다가 공동묘지를 급히 빠져나갔다. 그리고 얼마 지나지 않아서 거리로 돌아왔다. 공동묘지에서 멀지 않은 곳에 있는 블랜든의 집을 지났다. 그곳은 아주 조용했다. 그녀의 남편은 두 해 전에 교통사고로 세상을 떠나서 다섯 명의 자녀들을 그녀가 도맡아 길렀다. 생계를 꾸리기가 쉽지 않았다. 하루하루 끼니를 이어가는 게 걱정거리였지만 늘 주님이 예비해주셨다.

주일 밤에는 그 부담이 특히 심했다. 먹을거리도 모두 떨어졌고, 돈은 한 푼도 없었다. 게다가 아이까지 아팠다. 결국 그녀는 앓는 아이를 재우고 나서 한밤중까지 눈물을 흘리며 기도하다가 깊은 잠이 들었다. 하나님이 예비하신 내일은 예측할 수 없었다. 그리고 몇 시간 뒤에는 모든 문제가 사라지게 될 것을 알지 못했다.

시계가 6시를 알리기 10분 전에 블랜든이 지친 몸을 침대에서 일으켰다. 피곤하고 쑤시지 않는 곳이 하나도 없었다. 일어날 때가 되지는 않았지만 더 이상 누워 있을 수 없을 것 같았다. 부담스러운 마음은 거의 감당할 수준을 넘어섰지만 하루라도 일하지 않을 수 없었다. 아이들에게 먹일 음식이 필요했다.

그때 갑자기 방안에 하나님의 영광이 가득했다. 그녀 역시 커다란 음성을 들었다.

"보라. 신랑이 온다. 밖으로 나가서 그분을 맞이하라!"

불이 마치 물처럼 그녀의 몸으로 쏟아졌다. 변화가 일어났다. 블랜든은 눈 깜짝할 사이에 순간적으로 변화되었고, 잠 자고 있던 아이들도 그녀와 함께 들림을 받았다. 영광의 아침이 밝은 것이다!

린다 조든은 블랜든의 집에서 두 집 건너에 살고 있었다. 린다는 오래전에 구원받았지만 신앙을 포기시키려는 폭력적인 남편 때문에 아주 심각한 고통을 겪어야 했다. 어느 때는 참기 어려울 정도로 팔을 꺾고서 주님의 이름을 모독하도록 강요하기도 했었다. 남편이 온갖 방법을 동원해서 학대해도 늘 린다의 승리로 끝났다. 심지어 남편은 목사와 교인들에게까지 그녀의 험담을 늘어놓을 때도 있었지만 누구도 믿지 않았다. 그들은 그의 됨됨이와 린다가 겪는 박해를 알고 있었다.

남편은 휴거가 일어날 때 린다의 침대 옆에 서 있었다. 그녀는 전날 밤에 부흥회에 참석했는데, 남편은 부흥회가 열릴 때마다 이성을 잃고 화를 냈다. 6시가 되기도 전에 남편이 린다를 깨웠다. 온갖 욕을 해대면서 일어나서 아침 식사를 준비하라고 요구했다.

린다는 잠이 덜 깬 상태로 일어나서 시간을 확인했다. 늦잠을 잔 것은 아니었다.

"그런데 여보, 아침 식사를 준비하려면 아직 한 시간이 남았어요. 시계를 잘못 본 거예요."

이 말이 남편의 심기를 틀어놓았다.

"말대꾸하지 마! 밤마다 엉터리 같은 교회에 가서 지내면서 나를 위해서는 일어나서 아침 식사를 준비하지 않겠다는 것이로군. 그까짓 종교 때문에 우리 가정이 망가져 버린 거야! 이렇게 가다가는 머지않아서 이혼 법정에 서게 될 거야!"

그의 얼굴이 분노 때문에 어두워졌다. 린다는 놀라서 아무 말도 못 한 채 남편을 바라보았다. 온갖 말을 들어왔지만 이런 식으로 행동하는 것은 처음이었다.

"멍청하게 앉아 있지 말라니까! 일어나라고! 구닥다리 교회는 그만 둬. 더 이상은 안 돼! 교회에 꼭 다녀야 한다면 현명하게 우리 동네에서 인정을 받는 교회에 다니는 게 좋지 않겠어? 당신 때문에 낯을 들고 다닐 수가 없다고! 당구장을 비롯해서 내가 가는 곳마다 온통 그 목사의 이야기뿐이야."

남편이 비웃으며 말했다.

"어떤 사내들은 더 이상 듣고 싶지 않대."

린다의 두 눈에 눈물이 글썽거렸다.

"울어도 내 마음은 변할 수 없어. 일어나!"

그가 욕설을 퍼부으며 말했다.

"앞으로 한 시간 이상 일찍 일어나다 보면 밤마다 교회에 가고 싶은 생각이 달아나겠지."

그때 갑자기 밝은 빛이 방안을 비추었다. 조든의 아내가 순식간에 사라졌다. 그녀 역시 커다란 소리를 들었다.

"보라. 신랑이 온다. 밖으로 나가서 그분을 맞이하라!"

그녀는 눈 깜짝할 순간에 변화되어 주님과 영원히 함께하기 위해서 들림을 받았다. 영광의 아침이 밝은 것이다!

헨리 조든은 두 눈을 의심했다. 불가능한 일이었다. 그의 아내가 공중으로 사라진 것이었다. 욕을 한바탕해대고 싶었지만 커다란 공포가 마음을 짓누르는 바람에 그럴 수가 없었다. 그는 어찌해야 할지 알지 못했다. 주변을 샅샅이 뒤졌지만 아내의 흔적을 찾을 수 없었다. 그는 고함을 치고 머리를 쥐어뜯으면서 정신없이 집 밖으로 달려 나갔다.

헤스터가 천천히 길을 걷고 있는데 허공을 가르는 오싹한 비명이 들렸다. 한 번도 들어본 적이 없는 소름 끼치는 소리였다. 온몸이 거의 얼어붙는 것 같았다. 또 한 차례 비명이 들리더니 길가에 있는 작은 집의 노란색 대문이 열리면서 베티 렌이 달려 나왔다.

베티는 밥 렌의 동생이었다. 밥은 소녀처럼 아주 가냘픈 부인을 둔 남편이었고, 두 자녀의 아버지였다. 헤스터는 알음알음 그 가정의 내막을 알고 있었다. 밥은 제대로 자리를 잡아 본 적이 없었고, 사실대로 말하면 평생 무엇 하나 제대로 해낸 게 없었다. 반시간도 일해본 적이 없었다. 그래서 이웃들은 어디에도 쓸모없는 존재라고 말했다. 그는 가족을 내팽개쳐 두고 술과 여자로 밤을 지새웠다.

헤스터는 그의 아내를 잘 몰랐지만 괜찮은 이야기를 자주 들었다. 훌륭한 그리스도인이고 자녀에게는 참 좋은 어머니였다. 이웃이 전하는 말에 따르면 정말 힘겨운 시기를 겪고 있었다. 가정을 꾸리고 자녀를 돌보고 직장생활을 했다. 헌신적인 아내의 역할을 하는 대단한 여성에게 운명이 너무 가혹했다.

헤스터는 이런저런 생각을 하면서 길을 가로질러서 그 집으로 다가갔다. 베티는 너무 놀란 나머지 입을 떼지 못했다. 그녀는 거칠게 헤스터를 붙잡고서 거의 끌다시피 데리고 집 안으로 들어갔다.

베티가 침실 문을 열고서 눈 뜨고 볼 수 없는 비극적 광경을 가리키는 순간 헤스터는 자신도 모르게 비명을 지르고 말았다. 헤스터는 무슨 일이든지 준비가 되어 있다고 생각했지만 밥 렌의 침실에서 목격한 장면은 결코 잊을 수 없을 것 같았다. 그녀의 시선이 어떤 물체에 쏠렸다. 그것은 천정에 매달려 있는 밥의 시신이었다. 두 눈은 부풀어 올랐고, 혀가 밖으로 늘어진 입가에는 피가 묻어 있었다.

헤스터는 엄청난 광경이 당황스럽고 믿기지 않았다. 그리스도를 믿는 부인을 둔 성실하지 못한 술주정꾼 남편이 자살한 것이었다. 베티가 시신 쪽으로 다가가서 끌어내리려고 안간힘을 써보았지만 소용이 없었다. 게다가 그녀는 자신이 무엇을 하고 있는지 알지도 못하고 있었다. 헤스터가 두려움을 털어내면서 강하게 말했다.

"너무 늦었어요! 그러면 안 돼요! 소용없는 일이에요!"

헤스터의 말에 정신을 차린 베티가 천천히 돌아서더니 호소하는 표정을 지으며 마주 섰다.

"하지만 오빠는 죽으면 안 돼! 오빠가 죽지 않았다고 말해줘!"

헤스터는 그녀의 어깨를 잡고 문 쪽으로 밀쳤다. 겨우 거실에 있는 안락의자에 앉혀놓고서 죽은 사람이 있는 방문을 조용히 닫았다. 베티는 입을 떼려고 무던히 노력했지만 마음이 고통스럽다 보니 한동안 신음밖에 나오지 않았다. 고통 때문에 일그러진 얼굴을 하고 있는 그녀가 겨우 입을 열었다.

"오빠가 어째서 그랬는지 이해할 수가 없어."

그녀가 갑자기 자세를 바로잡으면서 앉더니 한숨을 크게 내쉬었다. 새언니와 조카들은 어디에 있을까? 새언니가 남편을 버린 것일까? 그것이 이 일의 원인이 되었을까? 오빠가 집에 들어왔다가 새언니가 떠나면서 남긴 쪽지를 본 것일까?

그녀가 자리에서 일어섰다. 헤스터가 자신이 하려는 일을 가로막을 것이라고 생각했는지 그녀의 표정은 단호했다. 그녀는 닫혀 있는 문 쪽으로 급히 다가가서 손잡이를 돌려 방문을 열고 침대를 살폈다. 잠자리에 들었던 게 분명했다. 새언니가 떠났다면 지난밤에 잠자리에 든 다음의 일이 틀림없었다. 그녀는 쪽지를 찾으려고 방 안 구석구석을 모두 뒤졌지만 시체 곁에 다가가거나 바라볼 생각은 하지도 못했다.

어디에도 쪽지는 없었다. 그러다 우연히 바닥에 있는 신문에 눈길이 멈췄다. 그녀가 멈춰 서서 떨리는 손으로 신문을 집어 들었다. 헤드카피가 곧장 눈에 들어왔다.

"수천 명의 사람들이 오늘 아침 6시경에 지상에서 감쪽같이 사라지다!"

그녀는 깜짝 놀라서 그 기사를 읽고 또 읽었다. 하지만 의미까지는 파악하지 못했다. 그제야 헤스터는 주님이 재림한 것을 베티가 알지 못하고 있음을 처음으로 깨달았다. 그녀는 오늘 아침 내내 어디에 있었을까?

베티는 죽은 사람의 얼굴처럼 창백해진 얼굴로 헤스터에게 다가가서 신문을 내보였다. 그녀가 떨리는 입술로 물었다.

"이게 무슨 말인지 너는 알고 있니?"

"알고 있어요."

헤스터가 부드럽게 대답했다.

"오늘 아침에 재림하신 예수님이 구원받고 재림을 준비한 사람들을 모두 데려가셨어요."

베티는 아무 말도 하지 못하고 듣고 있었다. 주먹을 쥐락펴락하면서 믿을 수 없다는 듯이 헤스터를 바라보았다.

"그건 불가능한 일이야! 그럴 수 없어! 언젠가는 닥치게 될 일이라고 듣기는 했지만 한 번도 제대로 생각해본 적이 없었어. 사실은…."

베티가 말을 더듬었다.

"새언니가 예수님의 재림에 대해서 가끔 말하곤 했었어. 새언니는 예수님에 관해 말할 때가 가장 아름다웠던 것 같아. 정말 그것 때문에 사는 사람 같더라니까. 나는 말도 안 된다고 생각하면서도 한 번도 내색하지 않았어. 예수님이 일찍 재림하는 게 새언니에게는 무척이나 중요한 일이기 때문이야. 밥이 내 오빠고 이미 죽었지만…."

베티가 눈물을 참느라 말을 더듬었다.

"오빠는 단 한 번도 올케를 행복하게 해주지 못했어. 사실, 가슴만 몹시 아프게 만들었지만 새언니처럼 긍정적으로 받아들인 사람은 없었어. 나는 새언니에게 내가 만일 그 입장이라면 오빠를 버려두고 떠나서 절대 어디에 있는지 알려주지 않았을 거라고 몇 번씩이나 말했어. 하지만 새언니는 계속해서 기도하면서 하나님이 구원해주실 거라고 기대하고 있었어."

하나님은 베티의 새언니를 구원했지만 베티가 예상한 방법과는 달랐다.

"새언니는 어디로 떠났을까?"

베티가 계속해서 말했다.

"새언니가 집을 비웠다는 게 이상해. 집 밖을 나서는 법이 거의 없는 사람인데. 이번 일 때문에 너무 충격을 받은 것 같아."

어리둥절해진 헤스터가 그녀를 바라보면서 말했다.

"베티, 아직도 무슨 일이 일어났는지 모르겠어요? 새언니는 떠났어요! 예수님과 영원히 함께 지내기 위해서 휴거되었다니까요."

실상을 알게 된 베티가 기절할 것 같은 모습이 되었다.

"그럴 수 없어! 불쌍한 새언니가 사라졌을 리 없다고!"

그녀는 소리치면서 헤스터의 팔에 안겼다. 이윽고 헤스터의 품에서 고개를 들고서 두 눈을 바라보며 말했다.

"이제 모두 알겠어. 오빠가 자살한 이유를 말이야. 잠에서 깨어보니 새언니와 조카들이 사라져서 찾아다녔을 거야. 오빠는 이 신문을 보고서 새언니가 수없이 경고했던 일이 실제로 일어났다는 것을 깨닫게 된 거지. 불쌍한 오빠."

그녀가 한숨을 지었다. 헤스터는 베티가 계속해서 말하고 싶어 했지만 어머니의 친구들 가운데 정말 예수님이 재림한 것을 얼마나 알고 있는지 확인하려고 했던 게 떠올라서 급히 그 집을 나섰다. 그녀는 모두 휴거되지 못했을 것이라고 확신했다.

헤스터는 밤이 천정에 걸린 밧줄에 매달려 있던 끔찍한 장면을 지워버리려고 했지만 불가능했다. 그는 지옥에서 위를 올려다보면서 이 세상에서 살 때보다 더 비참한 고통을 겪고 있을 게 분명했다. 그가 주님을 위해서 살았더라면 이런 일은 결코 일어나지 않을 것이다.

마침내 헤스터는 길에서 멀찍이 떨어져 있는 나무와 숲에 거의 가려진 대형 아파트로 향했다. 엘리베이터를 이용하지 않았는데도 한 번에 두 계단씩 올라가다 보니 금세 2층에 있는 마사와 윌마의 집에 도착했다. 크게 문을 두드리고 조마조마한 마음으로 기다렸다. 자신도 모르게 발을 동동거리고 있었다.

"어째서 대답이 없는 것일까?"

막 다시 문을 두드리려고 할 때 윌마가 조심스럽게 살짝 문을 열고서 조명이 밝지 않은 복도를 내다보았다.

헤스터는 깜짝 놀라서 바라보았다. 윌마는 평소 모습과 달랐다. 머리는 손질하지도 않았고, 입술은 파랗게 질려 있었다. 울어서 핏발이 서 있는 두 눈은 뒤로 푹 꺼진 것처럼 보였다. 안정을 찾지 못하는 손에는 반쯤 탄 담배가 들려 있었다.

윌마는 헤스터를 확인하자 작게 안도의 한숨을 내쉬면서 문을 활짝 열었다.

"헤스터, 들어와."

음성이 떨렸다. 헤스터는 방안을 살피다가 발판에 놓인 신문의 호외에 눈길이 쏠렸다. 윌마가 예수님의 재림을 알고 있다는 확신이 섰다. 헤스터가 자리에 앉았다. 한동안 아무 말이 없었고, 윌마가 유쾌하게 무거운 침묵을 깨뜨렸다.

"어머니는 오늘 무엇하고 계시니?"

엄청난 일이 발생한 마당에 아무렇지도 않게 말을 건네는 게 어색했다. 헤스터가 말하려고 했지만 윌마가 말을 잘랐다.

"그렇다고 내가 물은 말에 대답할 필요는 없단다. 어째서 모르는 체하겠니? 무슨 일이 일어났는지 알고 있단다. 예수님이 재림했다는 것을 말이다! 그것에 대해서 설명해보겠니? 거기에 그렇게 앉아서 그 표정으로 제대로 설명할 수 있을 것 같은데."

그녀가 씁쓸히 말했다.

"죽고 싶었어. 오늘이 정말 원망스럽구나. 내 생전에 이런 일을 목격할 것이라고는 생각하지도 못했어. 정신을 차릴 수가 없구나! 마사가 정말 걱정이야. 아이가 발작을 일으켰단다."

"마사는 어디에 있죠?"

헤스터가 열린 문으로 옆방을 슬쩍 내다보면서 물었다.

"모르겠다."

윌마가 대답했다.

"그 가여운 아이는 소식을 듣자마자 집 밖으로 달려 나갔다. 걱정이 이만저만이 아니란다. 무슨 일이라도 일어날까 봐 걱정이야. 아이가 두려움 때문에 거칠어졌거든. 하나님이 어째서 이런 일을 벌였는지 알 수가 없구나. 오늘 사람들을 이런 식으로 뒤집어 놓은 것은 정말 마음에 들지 않아. 오늘 거창한 계획을 세워두었는데 이제는 모두 틀어지고 말았지 뭐니. 이 모두가…."

헤스터가 갑자기 일어서면서 윌마의 말을 가로막았다.

"그렇게 말하지 마세요!"

그녀의 음성이 높아졌다.

"이 모든 일이 하나님 탓인 것처럼 말씀하시네요! 하나님이 비난받으실 일이 아니라고요. 아주머니 자신이 문제에요. 준비할 수 있는 여유가 있었잖아요. 그렇지만 하나님은 사람들이 이런 끔찍한 일을 겪지 않도록 많은 곤란을 겪으셨어요. 갈보리를 통해서 주어진 길로 탈출한 사람이 얼마나 많은지 생각해보세요. 예수님이 휴거된 사람은 물론이고 아주머니를 위해서도 돌아가셨다는 것을 알고 있잖아요!"

"그 사람들이 휴거되고 싶었다고 누가 말하든?"

윌마가 빈정댔다.

"그런 말투로 내게 훈계하지 마라! 설교를 듣고 싶었다면 교회에 갔을 거다. 주님을 받아들이고 안 받아들이고는 내 문제 아니냐?"

빈정대면서 다그치는 그녀의 매서운 눈초리가 독이 오른 독사처럼 번득였다. 윌마는 잔꾀가 많았다. 헤스터는 그녀가 어머니의 친구라는 게 늘 못마땅했지만 어머니는 윌마를 '좋은 상대'라고 생각했다.

헤스터는 순순히 사과했다.

"아주머니, 죄송해요. 설교하거나 무뚝뚝하게 굴 생각은 아니었어요. 이 세상에서는 누구나 원하는 대로 행동할 수 있는 권리가 있다는 것을 알았어요. 우리는 주님을 영접할 수도 있고 거절할 수도 있어요. 만일 우리가 그분을 거절하면 그 결과를 감당해야 할 거예요."

헤스터는 숨을 고르며 말했다. 마지막에 덧붙인 말을 월마가 내켜 하지 않을 것을 알고 있었기 때문이다.

몹시 화가 난 월마는 분이 풀릴 때까지 하나님과 그분의 사역에 대해서 온갖 이야기를 거침없이 쏟아냈다. 헤스터는 이 세상의 노예가 된 여자가 자신이 경외하고 존경하는 주님을 욕하는 순간 얼굴이 붉어졌다.

"헤스터, 너보다 멍청한 아이는 내가 본 적이 없다. 너를 이런 곤경에 빠뜨린 하나님을 어째서 떠받드는 거니?"

헤스터가 주먹을 힘껏 쥐자 온기가 사라지면서 땀이 났고, 가슴이 방망이질 쳤다. 하지만 더 이상 월마와 말하고 싶지 않았다. 월마가 전화 받으러 옆방으로 나가자 헤스터는 상처 입은 짐승처럼 슬그머니 아파트를 빠져나왔다.

또다시 거리로 나선 헤스터는 주님의 재림 때문에 빚어진 비극적인 광경들에 압도당하고 말았다.

"나의 하나님!"

그녀가 신음소리를 냈다.

"휴거되지 못한 이 두려움을 어찌해야 할까요!"

8.
짐승의 표

휴거 이후에 짐은 엄청난 고통을 겪었다. 낮도 길었지만 밤은 더 길었다. 그가 겪은 끔찍한 재앙은 거의 상상할 수 없을 정도였다. 가끔 이 악몽에서 깨어나서 그저 꿈을 꾼 것에 불과하다고 생각하고 싶은 때도 있었지만 그것이 사실이라는 것을 뼈저리게 느꼈다.

말할 수 없을 만큼 후회했지만 그러기에는 너무 늦었다는 것도 알고 있었다. 이제는 별다른 도움이 될 것 같지 않았다. 사랑하는 어머니가 여러 차례 경고한 것을 귀담아들었더라면 얼마나 좋았을까! 어머니는 하나님 말씀을 읽다가 이날을 예상하고서 피해 갈 수 있는 준비를 하고 있었다. 생전에 그런 일이 닥칠 것을 알았더라면 그 역시 준비했을 것이다. 어째서 성경을 믿지 않았을까? 성경은 피할 수 있는 길을 제시했지만 이제 그 길은 닫히고 말았다. 그는 환란의 시대를 겪고 있었다.

짐은 어머니의 작은 집을 종종 찾아갔다. 방마다 돌아다니면서 어머니가 여전히 그곳에 있는 것처럼 상상해보려고 애썼다. 하얗게 머리가 센 어머니가 허리를 굽힌 채 성경을 읽고 기도하는 모습이 그려졌다. 어머니가 젊은이의 열정으로 부르는 찬송 소리가 부엌에서 들렸다. 어려서 즐겨 듣던 찬송이었다.

그런데 이런 일이 불가능하다는 생각이 불현듯 들었다. 어머니는 그곳에 있지 않았다! 어머니는 자신을 위해서 결코 기도할 수 없었다. 기도! 자신을 위해서 기도해주는 어머니가 없는데 무슨 일을 할 수 있을까? 어떻게 삶을 이어갈 수 있을까? 눈물을 흘리며 집 밖으로 나와서 잠시 방향을 잊고 내달렸다. 망각의 늪에 빠져서 더 이상 기억하거나 기억되지 않았으면 좋겠지만 짐은 삶을 이어가지 않을 수 없었다.

집 안의 상황은 거의 감당하지 못할 정도였다. 루실은 아기가 사라진 이후로 정상이 아니었다. 고통스러운 어머니의 심정이 담긴 음성으로 매 순간 거듭해서 울부짖었다.

"아기가 보고 싶어요! 여보, 아기가 보고 싶다고요! 제발 데려다주세요. 어디서든지 찾아올 수 없나요? 이대로는 살 수가 없어요!"

몇 달이 지나는 동안 짐은 세상의 사건들이 변화하는 것을 몹시 두려운 마음으로 지켜보았다. 어머니의 성경이 그 무엇보다 위로가 되었기 때문에 집으로 가져다가 다니엘서와 요한계시록을 몇 번이고 읽었다. 한때는 이런 예언이 복잡하고 현실적이지 않았지만 이제는 아주 명확해졌다. 평화롭고 번영하는 나라에 사는 사람이라면 이런 책들이 앞으로 닥칠 것이라고 예언한 모든 사건을 쉽게 알아차리지 못할 것이다.

상황의 변화는 놀라울 정도였다. 적그리스도는 지상에 평화를 가져다주었다. 전운이 감도는 불안한 국가들과 실제로 전쟁 중인 국가들은 능력과 심오한 지식을 갖춘 이 사람과 동맹을 맺으려고 고심했다. 대부분이 보기에 그는 오랫동안 세상이 고대하던 인물이었다. 짐은 그것이 오래 지속될 수 없는 거짓 평화라는 것을 알고 있었다. 적그리스도가 주장하는 평화 때문에 다수가 멸망한다는 내용을 다니엘서에서 읽었기 때문이다.

겉보기에는 국가들의 현안이 해결되었다. 뛰어난 정치가들이 별다른 소득 없이 오랫동안 씨름해온 문제들이 하나님의 아들이라고 불리는 '하늘에서 떨어진' 이 '놀라운 초능력 인간' 때문에 일거에 해결되었다. 기적을 보여주었기 때문에 그러지 않을 도리가 없었다. 유대인들은 그를 위해서 목숨을 버릴 준비가 되어 있었다. 그들은 자신의 구원자를 기다리면서 오랜 세월을 보냈고 이제는 그가 나타났다고 확신했다.

누구도 거리에서 그를 비난하지 않았지만 그랬다가는 무슨 일이 닥칠지 몰랐다. 이 사람이 하나님의 아들이 아니라고 공개적으로 의견을 밝혔다가는 밤중에 집이 불타거나 흔적도 없이 사라졌는데, 가족들도 그들의 행방을 알지 못했다.

유대인들보다 세상에서 더 행복할 수는 없었다. 그들의 성전이 재건되었고, 옛날처럼 그곳에서 예배와 희생 제사가 바쳐졌다. 그들의 영광은 극에 달했다. 권력을 장악한 이 위대한 인물은 지상의 어느 민족보다 유대인에게 호의적이었다. 자신의 이익을 전혀 챙기지 않았고, 사람들에게 나누어주었다. 그는 어째서 전혀 바라지 않은 것일까? 그가 하나님의 아들이라고 자처했기 때문이었다.

몇 달이 지나자 사람들 대부분은 휴거가 있었다는 사실을 잊었다. 하지만 짐은 달랐다. 자신이 어리석게 그리스도를 거절한 것을 떠올릴 때마다 심각한 고통이 떠나지 않았다.

어느 날 아침, 늦게 일어난 루실이 말했다.

"여보, 윌슨 박사님을 불러줘요. 다시 재발할 것 같아요. 당장 의사 선생님이 없으면 죽을 것 같아요."

짐은 깊은 한숨을 쉬고 나서 답답한 심정으로 서둘러서 전화하러 갔다. 루실까지 잃을 수는 없었다. 그녀는 자신에게 남아 있는 전부였다. 그녀가 없다면 어찌 살아갈 수 있을까?

떨리는 손으로 수화기를 잡고서 윌슨 박사에게 전화를 걸었다. 오랫동안 신호가 가는데도 전화를 받지 않자 절망하면서 끊으려고 하는 순간, 전화기로부터 퉁명스러운 음성이 들려왔다.

"여보세요."

"윌슨 박사님이신가요?"

짐이 짐짓 업무를 처리하듯이 물었다.

"맞습니다."

음성이 거칠었다.

잠시 당황하던 짐이 재치 있게 겨우 말을 이어갔다.

"박사님, 감기가 무척 심하신 것 같네요. 음성이 다른 분 같습니다. 무슨 일이라도 있으세요?"

"별일 없소."

그가 엄격하게 말을 받았다.

"평생 지금보다 편안한 때는 없었소."

"박사님, 부탁인데 지금 왕진을 와주십시오. 루실의 상태가 다시 악화되었습니다. 서둘러 주시겠습니까?"

박사가 퉁명스럽게 물었다.

"짐, 표를 받았나?"

그 질문 때문에 하마터면 짐은 수화기를 떨어뜨릴 뻔했다. 표라니! 맙소사! 짐승의 표 말인가? 가슴이 두방망이질 치고 입안이 마르고 입술이 감각을 잃었다.

잠시 침묵이 흐르자 의사가 물었다.

"짐, 듣고 있나?"

"물론입니다."

짐은 겨우 신음을 죽였다.

"자, 말해보게. 보안의 표를 갖고 있나?"

"박사님, 짐승의 표는 아니겠죠?"

158

짐은 숨도 쉬지 않고 물었다. 시간이 정지한 것 같았고, 벽난로 위의 시계가 크게 똑딱였다. 저 소리 때문에 의사의 음성이 들리지 않는 것은 아닐까?

"그렇지. 어떤 사람들은 그렇게 부르기도 하지."

"안됩니다. 윌슨 박사님!"

짐이 소리쳤다.

"그 표를 받으면 안 됩니다! 그것은 파멸의 표입니다! 그 표를 받으면 결코 하나님과의 관계를 회복할 수 없습니다! 지옥에서 온 악마가 되는 겁니다."

"짐, 무슨 말을 그렇게 해!"

의사가 엄격하게 말허리를 잘랐다.

"그런 식으로 말하면 신상에 해롭다는 것을 알지 못하는가? 벌 받을 소리! 경고하지만 그렇게 말하면 자네의 안전을 보장할 수 없어. 물론 나는 자네가 그토록 두려워하는 그 표를 갖고 있다네!"

그가 크게 소리쳤다.

"자네는 어젯밤 12시 이후로 모든 게 동결된다는 소식을 신문이나 텔레비전을 통해서 듣지 못했나? 이 표가 없으면 어떤 거래도 할 수 없네. 표를 먼저 받지 않았으면 오늘 아침에 병원 문을 열지도 못했을 걸세. 간호사들도 표를 받지 않으면 나를 도울 수 없네. 그래서 표를 받으러 갔지.

짐, 어리석게 굴지 말게. 자네를 늘 지각 있는 젊은이라고 생각해왔네. 자네에게 기분 나쁜 소리를 하고 싶지는 않군. 나는 자네를 어릴 적부터 보아왔네. 세상에 나올 때도 그 자리에 있으면서 도와주었네. 내가 그릇된 일을 권한 적이 있는가? 내가 알기로는 신경질환에 더없이 좋은 약일세. 아침마다 이맘때쯤 늘 나를 괴롭히던 두통이 사라졌어.

2차 세계대전 당시로 돌아간 기분이야. 당시에는 식량배급통장을 사용했지만 지금은 짐승의 표일세. 이 짐승의 표가 없으면 은행에서 돈을 인출하거나 식료품을 구입할 수 없어. 자네가 이 모든 일을 어떻게 할 수 없다는 것을 알고 있지 않은가. 요즘 그 표가 유행이니 시대에 뒤처지고 싶지는 않겠지. 자네가 표를 받지 않는다면 사람들 축에 낄 수도 없네. 걱정할 게 하나도 없어. 물론 잠시 그것 때문에 호들갑을 떠는 사람들도 있겠지만 그들이 잘 처리할 걸세.

사람들이 도시 곳곳에 사무실을 설치하고 있네. 아침에 시내에 오다 보니 자네 집에서 두 블록 떨어진 곳에도 하나 있더군. 자네가 표를 받으면 기꺼이 왕진을 가지. 표를 받지 않았는데도 가게 되면 의사 면허증은 물론이고, 내 생명까지도 장담할 수 없네. 표를 받지 않은 사람은 누구도 돌보지 말라는 엄격한 지시를 받았어. 이게 지금의 상황일세.

어리석게 굴지 말게. 자네와 루실이 모두 표를 받고 연락을 주면 달려가겠네. 자네가 아내를 돕기 위해서 이런 일쯤 대수롭지 않게 여길 정도로 아내를 사랑한다는 것을 알고 있네."

냉랭하게 인사를 건넨 윌슨 박사가 거칠게 수화기를 내려놓았다. 짐은 멍하니 전화기를 마주하고 서 있었다. 제대로 들은 것일까? 박사가 했던 말은 진심이었을까? 그는 주먹을 쥐락펴락하면서 깊은 한숨을 내쉬었다. 본격적인 사탄의 활동이 전면에 부각하고 있었다. 어찌해야 할까? 짐승의 표를 받지 않고서 루실을 치료할 수는 없는 것일까? 무슨 수를 내야 했다. 사실 찾으려고만 한다면 방법은 있었다.

통화 때문에 짐은 생각의 끈을 놓아버렸고, 그래서 고통을 겪는 아내를 위해서 방으로 돌아가야 한다는 사실을 잊었다. 그는 정말 자신이 원망스러웠다. 때가 너무 늦기 전에 주님과 올바른 관계를 유지했더라면 이 모든 일을 겪지 않아도 될 터였다. 루실의 방에서 갑작스러운 소리가 들려오자 그가 문득 정신을 차렸다. 엄청난 고통에 시달리는 아내에게 급히 달려갔다. 이마에는 차가운 땀방울들이 맺혔고, 입술은 자줏빛으로 변해가고 있었다. 그녀는 신음을 참으려고 애썼지만 소용이 없었다. 짐은 당장 아내를 위해서 무엇인가 해야 한다고 생각했다. 헤쳐 나갈 수 있는 시간을 가져야 했다. 그렇지만 머릿속은 하얗고, 무엇 하나 생각이 떠오르지 않았다.

"나의 하나님, 자비를 베푸소서!"

목이 메었다. 눈물이 고여 왔다. 하나님이 사람들을 데려간 이후로 몇 번이고 기도하려고 애썼다. 하지만 기도할 수 없었다. 어둠의 악한 세력이 그의 주변을 에워싼 채 조롱했다.

이 세상은 사탄의 손아귀에 넘어갔다. 그는 이런 순간이 닥치게될 것을 들어서 알고 있었지만 다른 많은 사람처럼 심각하게 받아들이지 않았었다.

"짐, 의사는 불렀죠?"

루실이 겨우 입을 뗐다.

짐의 가슴이 두방망이질 쳤다. 어떻게 알려야 충격이 덜할 수 있을까? 그녀는 너무 무기력했고 애처로웠다. 그는 대답하다가 눈물을 흘리고 말았다.

"아니, 오지 않을 거야."

"오지 않는다니 무슨 말이에요? 사람이 없다는 건가요?"

그녀가 울음을 터뜨렸다.

"아니…. 사람은… 있어."

짐은 말을 제대로 잇지 못했다.

"하지만 여보, 지난밤에 세상이 변했어. 사람들이 치료를 받으려면 이제는 돈 말고 또 다른 것이 있어야 해."

그 이야기가 루실에게는 수수께끼처럼 들렸고, 짐은 그녀가 이해하지 못한다는 것을 알고 있었다.

"2차 대전 때 상황이 어땠다는 것을 알고 있지? 통조림, 고기, 설탕, 자동차, 그리고 건축자재와 같은 물품들이 어떻게 동결되었는지? 여보, 지금은 배급통장이 필요하지는 않지만 짐승의 표를 받아야 한다는 거야."

짐은 그 말을 하면서 마치 얻어맞기라도 한 것처럼 움찔했지만 루실은 전혀 동요하지 않았다. 작고 무력한 아이가 호소하는 시선과 같은 고통스러운 두 눈이 짐을 바라보았다.

"여보, 그만한 돈도 없어요? 어려운 때를 위해서 저축해 둔 게 있잖아요. 기억나세요? 지금처럼 의사가 필요한 때도 없다고요."

굵은 눈물이 그녀의 볼을 타고 흘러서 하얀 침대보를 적셨다.

"의사가 필요하단 말이에요!"

그녀가 애절하게 말했다. 짐은 너무 고통스러웠다. 이것은 있을 수 없는 일이었다. 이것은 그리스도를 믿는 어머니에게 주님의 길을 배우면서 성장한 짐 콜린스에게는 있을 수 없는 일이었다. 목사들은 환란의 시대가 얼마나 두려운 순간인지 설명하기는 했지만 누구도 그런 끔찍한 상황을 자세하게 일러준 적이 없었다.

"그렇지 않아. 돈이 필요한 게 아니야."

그가 머뭇거렸다.

"무료라고!"

무료라? 의사는 무료라고 말했지만 그것이 어떻게 무료일까? 그것은 영혼의 대가가 아닌가! 짐은 아내 쪽으로 조금 더 숙이면서 말했다.

"잘 들어, 이 표를 받으려면 당신의 영혼을 팔아야 해. 어머니나 우리 아기를 두 번 다시 못 보게 될 거야. 하나님을 찾거나 이 증오와 혼란의 세계를 벗어날 기회를 영영 잃게 될 거고!"

그는 이 정도면 짐승의 표를 받는 것을 심각하게 생각하는 데 도움이 될 것이라고 생각했지만 루실은 수긍하지 않았다. 계속되는 열과 온몸의 통증 때문에 눈물을 흘리면서 고통을 호소했다.

"당신이 치료만 받을 수 있다면 가지고 있는 것을 바칠 수 있지만 영혼을 팔아서 지옥에서 온 마귀 신세가 될 수는 없어. 우리가 많은 고통을 겪고서 짐승의 표를 받는다면 희망은 완전히 사라지는 거야. 두 번 다시 행복을 누릴 수 없어. 우리 아기와 어머니가 없으니 얼마나 쓸쓸했는지 생각해보자고. 대가가 너무 컸어. 우리가 감당할 수 없을 정도야. 잠시 기다리면서 생각해보면 무슨 수가 있을 거야."

"짐, 내가 당신에게 좋은 아내가 아니었나요?"

그녀는 거의 숨을 제대로 내쉬지 못했다.

"당신 아기에게 좋은 엄마가 아니었어요? 짐, 만일 당신이 이렇게 아팠다면 무슨 일이든지 기쁘게 감당했을 거예요. 안 그래요?"

그녀는 간절했다. 그녀가 자리에서 일어나려고 애썼다. 까만 머리가 희미한 불빛을 받아서 반짝였다. 머리카락이 흘러내리면서 한쪽 눈을 가렸다. 초췌하고 허약해 보였다. 어떻게 모른 체 할 수 있을까? 그는 정말 그녀를 사랑했다. 그녀는 좋은 아내였다. 그리스도인은 아니었지만 그리스도인이 아닌 것은 자신도 마찬가지였다. 휴거되지 못한 것은 그녀 탓이 아니었다. 그녀를 인도해야 할 사람은 자신이었다. 주님과 올바른 관계를 유지하면서 그녀 앞에서 경건한 신앙생활에 힘썼다면 이런 고통을 겪지 않았을지도 모를 일이었다.

그는 지금껏 한 번도 내려보지 못했던 가장 큰 결단 때문에 고통스러웠다. 짐승의 표를 받는 것 이외에는 달리 길이 없는 것 같았다.

"알았어."

그가 결국 부드럽고 떨리는 음성으로 말했다.

"잠시 다녀올게. 아프더라도 가능한 한 잘 견디고 있어. 될 수 있는 한 빨리 치료를 받게 해 줄 테니."

짐은 허리를 굽히고 이마에 부드럽게 입을 맞추었다. 눈물이 그의 볼을 타고 흐르면서 얼굴을 적셨다. 짐은 어머니의 성경을 집어 들고서 훑어보기 시작했다. 예수님의 재림에 관한 성경 구절마다 표시가 되어 있었다. 그리고 그녀가 재림의 약속을 읽으면서 아들이 너무 늦기 전에 준비할 수 있게 기도하면서 흘렸던 눈물 자국이 여기저기에 있었다.

시간은 흘러서 어머니의 믿음 그대로 휴거가 일어났고, 자신은 남겨진 채 영혼을 팔아야 할 처지가 되어 있었다. 짐은 기도했다.

"하나님, 구원해 주십시오! 하나님, 제발 도와주십시오!"

그는 어머니의 성경을 껴안았다가 부드러운 검은색 가죽 표지에 마지막으로 입을 맞추었다. 어머니가 함께 있었더라면 해야 할 일을 알고 있었을 것이다. 어머니는 어려운 순간에도 해야 할 일이 무엇인지 모르는 법이 없었다.

마침내 그는 성경에 얽힌 과거의 기억을 물리치고서 겉옷을 집어 든 채 현관문을 열고 밖으로 나갔다. 그는 결정을 내렸다. 짐승의 표를 받을 생각이었다. 팔이나 다리, 혹은 눈이 아니라 영혼을 팔러 가는 것은 정말 두려웠다. 다리나 눈, 그리고 손이라면 그렇게 두렵지 않았겠지만 그의 영혼이 달려 있었다. 짐은 언젠가는 천국에 가겠다는 계획을 세워두고 있었지만 이제 그는 지옥에서 영원히 지내는 쪽으로 자신의 운명을 결정하려고 했다.

짐은 천천히 길을 내려가는데 과거 어머니가 기도하는 소리가 들리는 것처럼 느껴졌다. 후회되는 마음뿐이었지만 자신이 현재 직면하고 있는 이 순간을 벗어날 수 있는 여러 차례의 기회를 떠올리기에는 너무 늦고 말았다.

짐은 자기 쪽으로 다가오는 어떤 사람을 바라보았다. 더 가까이 오자 그의 얼굴은 사람처럼 보이지 않았다. 불화살 같은 두 눈으로 짐을 노려보았다. 그의 이마에는 이상한 표시가 찍혀 있었다. 그는 짐승의 표를 받은 상태였다! 사내를 지나치는 순간 사탄을 가까이 하는 것 같은 느낌이 들었다. 그 사내와 같은 행동을 하러 가고 있다고 생각하니 긴 한숨이 절로 나왔다. 누군가를 한 번 보기만 해도 그가 하나님과 무관하다는 것을 알게 된다면 얼마나 끔찍한 기분일까! 짐은 돌아서서 멀어져 가는 사내를 바라보며 몸서리쳤다.

그는 페어뷰교회를 지나가다가 다시 한번 들어가고 싶은 충동을 느꼈다. 따뜻하게 맞아주는 스테인드글라스를 갖춘 교회 건물은 영원한 반석이 되시는 예수님을 떠올리게 했다. 그는 경건하게 문을 열고 교회 안으로 들어갔다. 천천히 통로를 걸어 내려갔다. 그 통로는 무수히 오르내린 곳이었다. 이 사랑스러운 건물에 대한 오늘 아침의 느낌은 여느 때와 달랐다.

그는 어머니가 즐겨 이용하던 자리에 잠시 앉았다. 초췌하고 깡마른 그의 볼을 타고서 눈물이 또 한 번 흘러내렸다. 전에 그곳에 모여서 예배드리던 하나님의 사람들을 생각하니 가슴이 저렸다.

수많은 사람이 승리하기 위해서 강단으로 나갔지만 그들 가운데 끝까지 견뎌내서 휴거된 사람은 몇 명이나 되었을까? 강단 앞에 무릎을 꿇었지만 전혀 기도하고 싶은 생각이 나지 않았다. 어둠의 세력이 너무 강하게 내리누르는 바람에 기도하는 게 불가능했다.

그는 자신이 하려는 일 때문에 감당할 수 없을 만큼 우울했다. 교회의 문턱에서 잠시 마지막으로 돌아보는데 눈물이 앞을 가렸다. 그리고 나서 그는 지체 없이 돌아서서 교회 계단을 지나 자신의 영혼을 파는 곳으로 달려갔다.

제이크 주유소에서 일하는 닉이 버트 밀의 차에 기름을 넣고 있었다. 닉이 이마에 짐승의 표를 받은 것을 보는 순간 짐은 숨이 막혔다. 짐은 버트가 짐승의 표를 받지 않았을 것이라고 생각했다. 의사가 말한 것처럼 모든 것이 동결되었다면 어떻게 기름을 넣을 수 있을까? 그때 버트가 손을 내밀어서 비용을 치렀는데, 짐은 그의 오른손바닥에서 짐승의 표를 보았다. 그가 작은 흰색 간이건물을 향해서 길을 가는 동안 어머니와 교회에 대한 가슴 아픈 기억들이 계속해서 떠올랐다. 그 건물의 문에는 크고 검은 글씨체로 '짐승의 표를 받으시오' 라고 쓴 간판이 걸려 있었다.

짐은 잠시 문밖에서 머리부터 발끝까지 미동도 하지 않았다. 돌아서서 가버릴까? 그러고 싶은 마음이었다. 하나님의 영이 그의 마음을 움직이고 있었다. 루실을 위해서 꼭 이렇게 해야 할까?

파란 하늘에서 태양이 빛나고 있었고, 새들이 가지를 오가면서 지저귀고 있었다. 그렇지만 따뜻한 햇볕, 즐거움, 그리고 행복은 짐과 전혀 무관했다.

결국 용기를 내어 작은 사무실로 들어섰지만 온몸이 떨려왔다. 단출한 방안에는 커다란 검은색 책상과 빛나는 물건이 그 위에 놓여 있었고, 무서운 표정의 사내가 책상 뒤에 놓인 삐걱대는 의자에 앉아 있었다. 그의 눈은 불화살 같았고 생김새는 짐승을 연상시켰다. 악한 어둠의 세력이 너무 강해서 짐은 거의 딱딱한 바닥에 쓰러질 뻔했다. 보이지 않는 손이 그를 붙잡으려고 하는 것 같았다. 돌아서서 달아나려고 했지만 그 순간에 루실의 음성이 들려왔다.

'여보, 만일 당신이 이렇게 아팠다면 나는 무슨 일이든지 기쁘게 감당했을 거예요.'

아내에게 치료받게 해주겠다고 약속했기 때문에 실망시킬 수 없었다. 돌아가서 짐승의 표를 받지 않는 바람에 의사를 부를 수 없다는 소식을 어떻게 전할 수 있을까?

"아니야, 그럴 수 없어."

그가 가까스로 숨을 몰아쉬었다.

"내가 당연히 치러야 할 값이야. 대안은 없어."

책상 뒤에서 사내가 꿰뚫어 보는 듯한 시선으로 짐을 바라보면서 비웃었다.

"두려워할 것 없소. 나도 표를 받기 전까지는 떨리더니 지금은 전혀 그렇지 않다오. 성경이라는 낡아빠진 책 때문에 떨리나 본데, 그것은 고약한 미신 덩어리에 지나지 않소. 표를 받으면 내가 말하는 게 사실이라는 것을 알게 될 거요. 그 책은 두 번 다시 거들떠보지도 않게 될 거요. 사실, 그 책이 당신을 불안하게 만들어서 인생을 망치고 재미를 못 보게 한 것 때문에 혐오하게 될 거요."

"더 이상 듣기 싫습니다!"

짐이 소리쳤다.

"이런 식으로 시달리고 싶지 않습니다! 서둘러서 표를 받게 해 주십시오!"

짐이 짐승의 표를 받으려고 좁은 사무실에 서 있는 동안 죽음의 사자가 루실의 침실에 들어섰다.

"죽고 싶지 않아요!"

그녀가 두려워서 소리쳤다.

"제발 하나님! 죽지 않게 해주세요! 저는 올바르게 살지 못했어요. 하나님이 계시다는 것을 믿지 않는다고 떠들어댔지만 어느 때든지 계시다는 것을 알고 있었어요. 하나님, 이렇게 죽고 싶지 않아요!"

그녀가 허둥대면서 방안을 살피다가 날카롭게 소리쳤다.

"어머니, 빨리 이곳으로 와서 저를 위해 기도해주세요. 죽을 것 같아요. 몇 분만 있으면 하나님이 없는 곳에서 영원히 지내게 된다고요! 어머니가 일러준 구원을 믿지 않는다고 말했지만 성경을 보니 그 말이 옳았어요. 아는 체하고 싶어서 그렇게 뻔뻔하게 행동한 거예요. 어머니, 제발 용서하시고 제 영혼이 구원받을 수 있도록 기도해주세요!"

자신의 목소리 이외에는 어떤 음성도 들리지 않았다. 가능한 일이었다면 시어머니 콜린스는 루실이 구원받을 수 있게 기꺼이 찾아왔을 것이다. 하지만 도움을 청하기에는 너무 늦은 상태였다. 시어머니 콜린스는 주님과 영원히 지내기 위해서 가고 없었다.

"누가 날 좀 도와주세요! 사탄들이 무서운 지옥으로 끌고 가려고 여기에 있다고요! 어떻게 해요!"

그녀가 소리를 높였다.

"지옥의 불길이 느껴져요! 어떻게 해요!"

그러다가 그녀는 다시 소리를 지르기 시작했지만 한마디도 제대로 말하지 못했다. 영혼이 눈을 뜨니 영원히 고통을 겪게 될 지옥이었다.

방안에 살아 있는 것이라고는 부드럽게 커튼을 흔드는 미풍이 전부였다. 루실의 몸은 전혀 움직이지 않았다.

그 순간에 짐은 악마처럼 웃고 있는 사내 앞에 서 있었는데, 그는 빛나는 물건을 가지고 있었다. 만일 루실이 죽었다는 것을 짐이 알았더라면 그 방을 빠져나갔을 테지만 때는 이미 늦어버렸다. 그는 오른손을 앞으로 뻗으면서 말했다.

"결심했습니다."

사내가 짐을 빤히 바라보며 말했다.

"쉽게 보일 수 있게 이마에 표를 받지 그래요? 그래야 다른 사람들도 받으려고 하지 않겠소?"

짐이 이를 갈면서 대답했다.

"내가 표를 받겠다고 하지 않았소. 어서 주십시오! 이마에는 받기 싫습니다. 뭐가 자랑스럽다고요! 어쩔 수 없이 받는 겁니다. 나는 그리스도를 믿는 누구보다 훌륭한 어머니의 자식이었습니다."

그가 흐느꼈다.

"그분은 이런 순간이 닥칠 것이라고 말씀하면서 주님을 맞이할 준비를 해야 한다고 경고하셨습니다."

그는 떨리는 입술로 계속해서 말했다.

"이 말이 믿어지지 않겠지만 어쨌든 사실입니다. 나는 어둠에 속한 사람이 아닙니다. 주님이 재림하셔서 하나님을 믿는 사람들을 데려갔다는 것을 알고 있습니다. 제정신이 아니라고 생각할 수도 있겠지만 내가 하는 말은 사실입니다. 아내를 위해서 의사를 불러야 하니 어서 표를 주십시오!"

눈을 감고 있었지만 창백한 볼을 타고 눈물이 흘러내렸다. 그는 영혼을 팔고 있었다. 어머니의 기도는 결코 응답될 수 없었고, 주님의 죽음이 그에게는 의미가 없었다.

사내가 빛나는 물건을 들어 올려서 짐의 손 쪽으로 가져다 댔다. 짐의 손바닥으로 그것이 점점 가까이 다가왔다. 그것은 어느 것보다 차가웠다. 무엇인가 그의 팔로 치솟더니 심장까지 도달했다. 놀랍게도 그의 모습이 갑자기 달라졌다. 마술처럼 다른 사람으로 바뀌었다. 그의 눈은 반짝이고 입술은 비웃는 모습으로 변했다. 짐은 욕을 해본 적이 없었지만 이제는 거침없이 흘러나오기 시작했다. 그에게는 엄청난 변화였다!

사내에게 자기 주소로 사람을 보내서 아내에게 표를 주도록 부탁하고 나서 햇빛이 쏟아지는 거리로 미친 사람처럼 급히 나섰다. 하늘을 바라보면서 하나님이 존재한다면 내려와 보라고 대들었다. 자신이 떠올릴 수 있는 온갖 욕설로 거침없이 하나님을 조롱했다. 그는 자신을 완전히 사탄에게 팔아넘긴 상태였다. 사탄의 손아귀에 놀아나는 도구였다. 그의 마음은 성경과 하나님의 사람들에 대한 증오뿐이었다.

그는 거리를 걸으면서 중얼댔다.

"내게 그런 소름 끼치는 허튼소리를 가르쳐서 내 죄를 위해서 죽었고 나를 구원할 사람이 있다고 생각하게 하려고 하다니 정말 어머니도 제정신이 아니었어. 진짜 터무니없는 일이었다고. 이제는 주님이 재림해서 자신들을 데려간 것처럼 믿게 하려는 사람들과 어딘가에 함께 숨어 지낼 정도로 비굴하게 굴고 있는 거야. 대체 그런 일이 가당키나 해! 거짓말투성이야."

그가 쓴웃음을 지으며 말했다.

"나를 미신의 세계에서 키웠지만 이제 나는 자유야. 자유라고!"

그가 소리쳤다. 그리고 고개를 뒤로 젖히면서 섬뜩한 웃음소리를 냈다.

"드디어 자유를 찾게 된 거야. 그 지겨운 책은 더 이상 두렵지 않아. 전에는 얼마나 두려워했는지 모르지만…."

적그리스도에 대한 사랑이 커졌다. 짐은 그를 전혀 사랑하지 않았지만 이제는 사랑하고 존경했다. 의사는 짐승의 표가 더할 수 없이 좋은 약이라고 말했고 사무실의 사내도 그렇게 말했다.

"그래, 그들이 옳았어!"

짐이 흥분해서 소리쳤다.

"어느 때보다 기분이 좋잖아. 이 표가 루실에게도 효과가 있을 거야."

그는 손바닥의 표를 바라보면서 감탄했다.

"이마에 표를 받는 게 좋지 않았을까."

그가 길을 걸어가면서 크게 말했다.

"그러면 누구나 볼 수 있었을 텐데."

짐의 두 눈에서 사람들에 대한 희망과 사랑의 불꽃이 사라졌다. 그는 짐승의 표를 받으러 가는 여러 사람을 지나치면서 결심을 굳힌 사람을 일일이 가려낼 수 있었다. 짐승의 표에 대해서 거부감을 지닌 사람을 볼 때마다 역한 감정이 끓어올라서 죽여버리고 싶었다. 진정으로 유일한 신, 즉 짐승을 인정하려고 하지 않는 사람은 살 가치가 없다고 생각했다.

마침내 집에 도착했다. 그는 하나님을 믿는 사람들과 주님을 경배하는 사람들이 정말 마음에 들지 않았다. 현관문을 발로 걷어차서 열었다. 거실에 들어서자 어머니의 성경이 제일 먼저 눈에 띄었다. 그의 입에서 다시 한번 욕설이 쏟아졌다. 성경을 노려보다가 증오 때문에 떨리는 손으로 성경을 집어 들어서 벽난로에 집어 던졌다.

그는 능글맞게 만족스러운 웃음을 지으며 재빨리 루실이 있는 침실로 갔다. 사방이 조용했다. 그는 잠시 멈칫하다가 쉰 목소리로 아내를 불렀다.

"여보!"

아내가 숨진 것도 모르고 부드럽게 흔들었다.

"여보, 괜찮아질 거야. 표를 받으라고 고집하기를 잘했어. 정말 이렇게 대단한 경험은 처음이야. 새로운 사람이 된 기분이라고. 당신 걱정도 끝날 거야."

그가 애정 어린 목소리로 말했다.

"표를 받게 되면 윌슨 박사가 올 필요가 없을 것 같아. 정말 효과가 있을 거야!"

그때 그녀의 몸이 차게 느껴지자 허리를 조금 더 굽혔다.

"루실!"

그가 소리쳤다.

"루실!"

그렇지만 대답이 없었다.

"당신이 이렇게 떠날 수는 없어. 당신을 치료할 수 있는 방법을 찾았단 말이야!"

그는 절망과 슬픔 때문에 그녀를 거칠게 흔들어댔다. 그렇지만 전혀 반응이 없었다.

"루실이 죽었어!"

그는 정상적인 사람이라면 듣고 전율할 정도의 그런 목소리로 고통스럽게 소리쳤다. 마치 하나님의 얼굴을 바라보기라도 하듯 천정을 올려다보면서 주먹을 흔들며 소리쳤다.

"당신 짓이오! 당신이 스스로 하나님이라고 우기는 거요! 당신은 우주를 다스리는 신이 아니오! 신은 하나뿐이고 그가 누구인 줄 나는 알고 있어! 우리가 당신을 굴복시킬 것이오!"

그가 단호하게 말했다.

"당신 때문에 사람들이 고통을 겪는 것이오! 당신은 많은 사람을 속여 왔고 경배하게 만들었소! 마침내 진짜 신이 나타나서 세상에 당신의 정체를 밝혀냈소. 당신의 존귀와 영광은 모두 발가벗겨지고 있소. 알아듣는 거요?"

그는 의자에 풀썩 주저앉아서 초인종이 울릴 때까지 계속해서 하나님을 저주했다. 그는 무거운 발걸음으로 문으로 다가갔다. 그곳에는 이마에 짐승의 표를 받은 샘 퍼거스가 손에 빛나는 물건을 들고 서 있었다. 루실에게 표를 찍어주려고 찾아온 것이었다.

"너무 늦었습니다."

짐이 잔뜩 화가 난 상태로 말했다.

"이미 죽었습니다."

그 사내가 무뚝뚝하게 물었다.

"시체는 어디 있는 거요?"

짐은 침실 쪽을 가리키고 나서 장의사에게 아내의 시신을 수습해달라고 부탁하기 위해서 전화기 쪽으로 걸어갔다. 놀랍게도 장의사는 시체에 짐승의 표가 있는지 물어왔다.

"아니오, 그렇지 않습니다." 당황한 짐은 분노하고 있다는 것을 잊고 말았다.

"퍼거스 씨가 표를 주려고 찾아왔지만 너무 늦었습니다. 아내가 그렇게 영광스러운 경험을 할 만큼 오래 살았더라면 얼마나 좋았을까요."

"표를 받지 못했다면 시신을 인수해서 정중하게 수습할 수 없군요. 표가 없는 시신들은 트럭에 실어서 개처럼 매장하라는 지시를 받았습니다. 우리가 신으로 모시는 분의 표를 받지 않는 자들에게는 너무도 당연한 일이 아닙니까. 당신이 남편이라고 했는데, 부인이 정말 표를 받고 싶어 했습니까?"

"그렇습니다."

짐이 간단히 대답했다. 그는 사내가 지나치게 신중하게 구는 것 때문에 마음이 상해 있었다.

"그렇다면 시체에 표를 받게 하면 가서 처리하겠습니다."

그 순간에 샘 퍼거스는 짐과 마찬가지로 사탄의 힘이 느껴지는 눈빛을 하고서 루실의 시신이 놓여 있는 방의 문을 지나고 있었다.

"당신이 옳았어."

그가 거칠게 말했다.

"죽었어."

그는 자신이 도착하기 전에 그녀가 죽은 것 때문에 하나님을 저주했다. 그러고 나서 떠나려고 하는 순간에 짐이 막아섰다.

"어찌 되었든지 아내에게 표를 찍어주십시오. 장의사에게 전화하니 표를 받지 않으면 시신을 수습할 수 없다고 합니다."

샘은 아주 흡족해하면서 방으로 돌아갔다. 차가운 이마에 표가 주어졌지만 이미 하나님과 무관한 곳에서 영원히 지내야 하는 루실에게는 전혀 의미 없는 일이었다.

샘 퍼거스가 떠나고 난 뒤에 짐은 벽난로 앞에 앉아서 자신이 내던졌던 어머니의 오래된 성경을 집어 들었다. 악한 세력의 영향을 받은 그가 성경을 한 장 한 장 찢어서 성냥으로 불을 붙이기 시작했다. 불길이 치솟으면서 하나님의 거룩한 말씀을 삼키자 짐은 사악한 웃음을 흘렸다.

"나처럼 다른 사람들이 이 빌어먹을 책에 속아 넘어가게 할 수 없어."

짐은 성경을 태울 수는 있어도 사랑하는 어머니가 자신의 가슴에 심어놓은 말씀은 결코 어쩔 수 없다는 사실을 깨닫지 못했다. 하나님은 그런 말씀을 통해서 대화하시고, 그렇게 해서 그 말씀은 생명력을 얻었다. 사람이 말하면 대부분 몇 분 지나지 않아서 사라지지만 하나님이 말씀하시면 그 말씀은 영원히 지속된다.

온갖 욕설을 퍼부으면서 짐은 어머니의 성경, 그러니까 천국에 들어가는 데 사용했던 지도를 모두 불살랐다. 성경은 어머니가 겪은 여러 가지 문제를 해결해주었고 두려운 환란의 시대를 벗어날 수 있는 길을 일러주었다.

짐이 하나님 말씀을 마지막까지 태우고 나자 도로 쪽에서 아주 시끄러운 소리가 들려왔다. 사람들의 외치는 소리가 높아지자 그의 심장이 거칠게 뛰었다. 창으로 달려가서 커튼을 젖히고 소란한 까닭을 파악하려고 살폈다.

갑자기 더없이 아름다운 붉은 말이 눈에 들어왔다. 말을 탄 사람은 검은 옷을 입었는데, 오른팔에 든 길고 빛나는 검을 정신없이 흔들었다. 그 사람은 순식간에 정신없이 길을 이리저리 내달렸다.

짐은 숨도 쉬지 못한 채 다음에 무슨 일이 벌어질지 지켜보고 있었다. 그러다가 갑자기 창문에서 돌아서서 현관으로 달려갔다. 그가 보니 멀리 떨어진 길에서 싸움이 벌어지고 있었다. 붉은 말이 가는 곳마다 사람들이 전쟁을 벌였다. 바라보기 끔찍할 정도였다.

시간이 지나면서 짐은 붉은 말과 그것을 타고 있는 사람이 의미하는 것을 모두 알게 되었다. 전국적으로 전쟁이 벌어졌다. 그것은 동화가 아니었다. 실제 벌어진 일이었다.

짐승의 표를 받은 사람들은 엄청난 증오심이 생겨나서 나머지 사람들에게 강제로 표를 받게 하거나 죽이고 싶은 강박증에 시달렸다. 이제는 짐승의 표를 받지 않거나 그를 경배하지 않으려고 하는 이들에 대한 박해의 시대가 시작되었다. 배반자들을 세상에서 제거하고 영원히 안정된 정부를 세우는 데 도움이 되도록 짐승의 정권 쪽으로 사람들을 끌어들이기 위해서 도시 곳곳에 벽보가 나붙었다.

짐은 포스터를 보고 등록하기 위해 서둘러서 캘빈 언덕으로 갔다. 그곳에는 이미 짐승의 표를 받은 많은 사람이 도착해 있었다. 그들은 어느 큼지막한 방으로 안내되었고 탁자 주위에 앉았다. 사회자는 런슬럿 브라우닝이었는데, 오른쪽 볼에 두 개의 길고 깊은 흉터가 있는 거무스레하고 건방지게 생긴 거친 사내였다. 그의 두 눈에는 악한 기운이 확연하게 드러나 있었다.

<묵시록의 네 기사>(빅토르 바스네트후 作, 1887년) (스토리 요한계시록, 양형주 저, 발췌)

그가 큰 소리로 말했다.

"여러분, 우리가 여기에 모인 것은 한 가지 목적 때문이오. 반역자와 배반자들을 세상에서 제거하기 위해서라는 것은 포스터를 통해서 알고 있으리라고 생각하오. 우리의 목적은 하나의 정부 아래 세계를 지배하고, 우리처럼 만드는 것이오. 그리스도인이라고 자처하거나 짐승 이외의 그 어떤 신에게 기도하는 자는 예외 없이 체포해서 철회할 기회를 제공하게 될 것이오. 모두 굴복시켜서 우리 가운데 한 사람으로 만들기만 하면 우리는 더욱 강해질 것이오. 우리는 그들의 어리석음을 인정할 수 없소. 알아듣겠소?"

그가 고함을 질렀다.

"사람의 마음을 바꾸는 데는 여러 가지 방법이 있소. 그들이 자진해서 바꾸기를 바라지만 말이오. 우리 정권은 어떤 고문도 지나치다고 간주하지 않을 것이오. 잔인할수록 더 좋소. 우리는 이런 이 단자들에게 인정사정 볼 것 없이 고통을 안겨주어야 하오. 여러분의 수고에 대해서는 충분한 보상이 주어질 테지만 친구가 되었건 아니면 사랑하는 사람이 되었건 간에 한 사람이라도 짐승의 표를 받지 않고 풀려난다면 여러분은 죽음을 면치 못하게 될 것이오. 우리가 짐승께서 바라시는 일을 수행하면서 개인적인 감정은 용납할 수 없소. 그러니 우리에게 걸림돌이 될 수 있는 친구들에 대한 사랑이나 동정심은 완전히 포기하도록 하시오. 여러분, 이제 옆방으로 가서 제복을 받으시오. 즉시 표를 받지 않은 사람들은 모두 잡아들이기 시작하시오. 바라기만 했다면 직접 받을 수 있는 시간은 충분히 주었소. 이제는 힘을 보여주어야 하오. 잡아 오는 만큼 봉급 이외의 보너스를 받게 될 것이오. 이상이오. 제복을 받으러 가시오."

런슬럿은 지시를 내리고서 절도 있게 돌아서 방을 나갔다. 짐은 나머지 사내들을 따라서 제복을 받으러 옆방으로 갔다. 그는 모자와 소매에 황금 단추와 짐승의 표가 달린 제복을 입는 게 자랑스러웠다. 외투의 왼쪽 깃에는 짐승의 정권을 위해서 일하는 것을 공인하는 은 배지가 선명하게 달려 있었다.

사내들이 모두 복장을 갖추자 런슬럿은 처음 지시를 받은 방으로 다시 돌아가서 짐승의 정권에 선서하기 위해서 줄을 서도록 했다. 그는 모든 사내들이 줄지어 서자 곧장 앞을 바라보면서 엄격한 표정으로 그들과 마주 섰다.

"차렷!"

그가 소리쳤다.

"우리의 신을 계속 바라보시오. 오른손을 들고서 나를 따라 하시오…."

사내들이 진지하게 고분고분 그의 지시를 따랐다. 런슬럿이 능글맞게 웃으면서 시작하자 사내들이 한 음성으로 따라 했다.

"나는 있는 힘껏 반역자와 배반자들을 세상에서 제거할 것을 짐승께 맹세한다. 짐승 이외의 신에게 기도하거나 예배하는 자들을 모두 개종시키기 위해서 필요하다면 피 흘리는 것도 마다하지 않겠다. 그리고 그들이 짐승을 거부하면 죽여 버리겠다. 나는 자비를 베풀지 않겠고, 나에게 주어진 권위에 따라서 투옥하고, 굴복하거나 죽기 전까지 고문을 가하겠다."

그가 엄격한 음성으로 말했다.

"손을 내리시오. 이제 마지막 순서가 남았소."

옆의 탁자 위에 놓은 황금주전자를 들고서 다이아몬드, 사파이어, 벽옥, 그리고 여러 가지 보석으로 장식된 황금 잔에 어떤 붉은 액체를 따랐다.

"이것은 어제 죽임당한 그리스도인의 피요. 소위 하나님에 대한 신앙을 포기하지 않고 짐승께 경배하지 않은 자요."

그가 자랑스레 말했다.

"이 잔을 돌릴 테니 모두 한 모금씩 마시도록 하시오. 그리고 짐승의 이름으로 모든 그리스도인과 동조자들의 피에 갈증을 느끼도록 기도합시다."

한쪽에는 총을, 또 다른 쪽에는 검을, 그리고 셔츠의 단춧구멍에 호루라기가 달린 황금 줄을 착용하자 각자의 복장이 완성되었다. 그들은 섬뜩한 음성으로 짐승에게 존경과 영광을 외칠 준비가 되어 있었다.

그들은 짐승의 지시를 따르기 위해서 급히 방을 나섰다. 그리고 집집마다 돌아다니면서 짐승의 표를 받지 않았거나 받으려고 하지 않는 사람을 부지런히 색출했다. 짐승이 허락했던 자비의 시기는 이제 끝이 났다.

수많은 남녀가 수감되었고 자신들의 신앙을 철회하고 표를 받으라는 강요를 받았다. 거절할 경우에는 피를 부르는 고문이 시작되었다. 짐승의 표가 없는 사람들은 외진 곳에 있는 건물의 어두운 곳에서 뒤로 물러선 채 두려운 장면을 넋을 놓고 지켜보았다.

휴거의 순간에 미지근한 상태에 있었던 많은 사람이 하나님 앞에 엎드려서 자신들의 잘못을 고백하고 용서를 구했다. 타락한 사람들이 하나님의 얼굴을 찾으면서 하나님 아들의 피가 자신들의 영혼을 덮을 때까지 기도했다. 하나님 아들의 재림 때문에 자극받은 죄인들이 죄의 용서를 구했고, 이제는 그들 모두가 자신들의 피로써 신앙을 증명하지 않을 수 없었다.

인정사정없는 사내들이 무기력한 사람들을 고문해서 죽이는 것은 애처로운 장면이었다. 짐승을 따르지 않는 사람들을 화형에 처하기 위해 쇠줄이 달린 쇠기둥이 세워졌다. 하나님의 성도가 흥분한 얼굴로 반항하면서 기둥으로 끌려가는 모습을 지켜보면서 누구든지 말할 수 없는 두려움에 사로잡혔다.

"천만에! 나는 짐승과 그의 형상을 결코 경배하지 않을 것이다! 하늘에 계신 하나님과 그리스도께만 경배할 것이다!"

그는 기둥에 쇠사슬로 묶이고, 주변에 나무가 쌓이자 다시 한번 질문을 받았다.

"표를 받겠느냐?"

대답은 거침이 없었다.

"그럴 수 없다!"

나무가 흠뻑 젖을 정도로 기름을 붓고, 마지막 질문이 떨어졌다. 또다시 힘찬 대답이 반복되었다.

"아니다! 결코 포기하지 않을 것이다!"

살인자들이 엄청난 욕설을 퍼부으면서 불을 붙이자 사나운 불길이 희생자를 덮쳤다. 당황하고 겁먹은 성도들은 소리를 지르지 않으려고 노력했지만 얼마 지나지 않아서 부풀어 오른 입술 사이로 통제할 수 없는 고통스러운 신음이 터져 나왔다.

완전히 사탄에게 사로잡힌 사내들이 모여들어서 짐승에게 존경과 경의를 표하는 동안에 죽임을 당한 영혼들은 천사들의 도움을 받아서 하나님이 세우고 만든 천상의 도시로 향했다.

열일곱 살의 소녀 줄리아나 케트너가 끌려 나왔다. 그녀에게 짐승의 상 앞에 엎드려서 경배하고 목숨을 구할 수 있는 기회가 주어졌다. 그녀가 흐느끼면서 말했다.

"안 돼요, 그럴 수 없어요! 그러지 않을 거예요!"

단단한 끈으로 온몸이 기둥에 묶였다. 불이 붙고, 불길이 높이 치솟자 완전히 타버릴 때까지 그녀의 몸은 거기에 매달려 있었다. 피하고자 몸을 움직여보려고 했지만 전혀 소용이 없었다. 그녀의 비명이 계속해서 울려 퍼졌다. 지켜보는 사람들은 그녀를 구하고 싶은 마음이 간절했지만 간수들 때문에 구할 수 없다는 것을 알고 있었다.

여러 그리스도인이 무기력하게 사자들에게 던져졌다. 사람들은 두려워 떨면서 짐승 정권의 하수인들이 먹이를 기다리며 사납게 으르렁거리는 사자들에게 사람들을 끌고 가는 모습을 지켜보았다. 간수들은 언제나 우리 앞에서 멈춰 선 채 하나님을 부인할 것인지 물었다. 대부분은 그럴 수 없다고 대답했다. 그러면 무자비하게 우리의 문을 열고 힘없는 그리스도인들을 그 안으로 떠밀었다. 불쌍한 비명이 한 차례 있고 난 뒤에는 먹이를 두고 다툼을 벌이는 사나운 사자들의 소리 말고는 그 어떤 소리도 들리지 않았다.

전쟁을 상징하는 붉은 말을 탄 사람이 지나가자 기근을 상징하는 검은 말을 탄 사람이 모습을 드러냈다. 아름다운 검은 말을 탄 사람이 지상을 돌아다니자 기근이 덮쳤다. 수많은 사람이 굶주림에 시달렸다. 거리에는 밤마다 굶어 죽은 사람의 시신이 넘쳐나서 매일 아침 일찍 시체를 치워야 했다.

콜린스는 짐에게 사마리아가 어떻게 포위당했는지 열왕기에 기록된 이야기를 들려준 적이 있었다. 누구도 성 밖으로 나가거나 들어올 수 없었다. 아람 군대가 에워싸는 바람에 성안 사람들은 굶어 죽어갔다.

각기 아들을 둔 두 명의 여인이 있었다. 한 사람이 상대 여인에게 말했다.

"네 아들을 내라. 우리가 오늘날 먹고 내일은 내 아들을 먹자."

그래서 둘은 아들을 삶아 먹었다. 그렇지만 다음날 나머지 여인이 거래를 마무리하지 않을 셈으로 자기 아들을 숨겼다. 어제 자기 아들을 죽인 여인이 왕을 찾아가서 자신의 사연을 털어놓았지만 늙은 왕은 그녀를 도울 수 없었다. 짐의 어머니 콜린스가 그에게 말했었다.

"짐, 비극적인 이야기지만 그것보다 더 심한 때가 올 거란다. 성경은 환란의 시대보다 더한 때가 결코 없을 것이라고 이야기하고 있단다."

짐은 너무 굶주린 나머지 인육, 곤충, 벌레, 뱀, 쥐 등을 닥치는 대로 먹는 사람들을 목격했다. 짐승의 권력은 너무 막강해서 하나님까지도 그들에게 일어나는 일에 무관심한 것처럼 생각될 정도였다. 음식을 구할 수 없는 사람들은 대부분 짐승의 표를 받기 위해서 작은 사무실로 걸어 들어갔다.

9.
죽음의 그림

헤스터는 환란이 시작되고 처음 몇 달 동안 많은 일을 겪었다. 도처에 재앙이 닥쳤고 매 순간 두려운 일뿐이었다. 휴거가 있고 나서 처음 며칠간은 거의 감당하기 어려울 정도였다. 가장 친했던 낸시와 사랑하는 친구들 대부분이 휴거된 상태였다. 주님을 맞이할 준비를 하고 있었더라면 이렇게 골치 아픈 일을 겪지 않았을 것이라는 안타까운 생각이 머릿속을 떠나지 않았다. 어쨌든 길고 서글픈 날들이 지나가고 있었다.

밤에 잠자리에 들려고 해도 쉽게 깊은 잠을 이룰 수 없었다. 잠이 들더라도 편하게 잘 수 없었다. 계속해서 휴거와 버림을 받은 것에 관해서 꿈을 꾸었기 때문이다.

〈앨러배스터 신문〉에 적그리스도의 사진이 실리자 헤스터는 그 모습을 보고 몸서리쳤다. 몹시 사나운 표정을 지은 사내의 모습이 마치 살아 있는 것처럼 보였다. 두 눈을 보는 순간 느껴지는 위력 때문에 온몸이 떨렸다.

그가 언젠가 자신의 진짜 모습을 드러낼 것이라고 생각하니 두려웠다. 고문받는 곳으로 끌고 가서 짐승의 표를 강요받으면 어떻게 해야 할까? 표를 받으면 심판을 받게 되고, 거절하면 죽음을 피할 수 없었다.

죽음! 주님을 만날 준비가 안 된 사람에게는 정말 두려운 말이었다. 헤스터는 자신이 죽을 준비가 되어 있지 않고, 그래서 짐승의 표 때문에 심판을 받을 수는 없다고 생각했다.

그녀는 굳은 결심을 하고서 정말 사랑했던 교회를 향해 길을 내려갔다. 건물에 들어서는 순간 두 눈에 눈물이 그렁그렁했다. 자신을 위해서 간절히 기도하던 한 사람을 찾기 위해 부지런히 살펴보았지만 어디에도 없었다.

"내가 주님을 만날 수 있도록 사람들이 정말 많은 관심을 보여주었지만 시간이 넉넉하다고 생각했어. 사탄에게 속았던 거야! 어째서 하나님 말씀을 믿지 않았을까?"

그녀가 흐느끼며 신음했다. 헤스터는 강단 뒤로 가서 그곳에서 사람들에게 여러 차례 소개된 하나님의 경고의 말씀을 떠올렸다. 강단에 놓여 있는 커다란 성경을 펴고서 내용을 한 절 한 절 읽어내려갔다. 강단으로의 초대를 알리는 성가대의 찬양을 떠올리려고 노력했다. 눈물이 볼을 타고 내리는 순간에 그녀는 겸손하게 무릎을 꿇었다.

"오, 하나님! 당신에게 죄를 범했다는 것을 알고 있습니다. 당신의 아들 예수님을 만날 준비를 하지 않은 게 잘못이라는 것을 깨달았습니다."

그녀가 감정을 주체하지 못하는 바람에 말을 더듬었다.

"하나님은 자비하시다는 말씀을 방금 읽었습니다. 하나님, 제발 제 영혼을 구해주세요!"

사탄이 바로 옆에서 하나님은 더 이상 관심이 없으니 기도해도 소용이 없다고 속삭였지만 그녀는 계속해서 기도했다. 하나님을 만나야 했다! 그분 없이는 더 이상 삶을 지탱할 수 없었다.

그때 어둠 속에서 마침내 한 줄기 빛이 뻗어 나왔다. 무거운 짐이 사라지고, 날개가 달린 것처럼 마음이 가벼워졌다. 주님을 만나게 된 것은 정말 영광스러운 일이다. 아무런 가치도 없는 자신을 주님이 용서하신 것이다.

눈물을 닦으면서 하나님의 집을 나서는 그녀는 평생 그보다 기쁜 때가 없었다. 두려움, 문제, 그리고 고통이 도처에 존재했지만 마음에는 진정한 평화가 자리 잡고 있었다.

프랭크와 수잔은 하나님의 사람들이 휴거된 것에 대해서 완전히 생각이 달랐다. 프랭크는 평소처럼 사람들과 어울리면서 고통과 마음속을 떠나지 않는 두려움을 잊으려고 노력했다. 모임이 끝나고 집으로 돌아오면 조용히 자기 방으로 들어가서 방문을 걸어 잠그고 하나님 말씀을 읽었다. 요한계시록에 기록된 지상에 내려질 엄청난 심판을 읽고 난 다음에는 무릎을 꿇고 기도하려고 애썼다. 지상에 더 나쁜 일이 덮치게 된다면 지금의 일은 첫술에 지나지 않았다. 하나님을 만나야 했다!

수잔과 어울리는 친구들은 여전히 별일이 아닌 것처럼 모임을 지속하려고 했지만 생각처럼 매끄럽게 진행되지는 않았다. 몇 사람은 주님의 재림에 따른 충격에서 벗어나지 못했다. 그리고 그것은 그다지 대단한 일이 아니라고 스스로 설득하는 이들도 있었다. 휴거가 화젯거리가 되면 늘 소동이 빚어졌다. 서로 날 선 말을 주고받다가 패가 갈리기 일쑤였다. 결국 모임은 깨지고 말았고, 덕분에 수잔은 한시름을 놓게 되었다.

어느 저녁에 프랭크와 수잔이 어떤 강연을 듣고서 늦게 집으로 돌아왔다. 그들이 조용히 문을 열어보니 헤스터가 거실에서 부모의 구원을 위해 기도하고 있었다. 둘은 기도를 방해하지 않기 위해 소리를 죽여서 걸음을 옮겼다. 방에 들어서는 그 순간 주님의 영이 그들을 감동시켰다. 두 사람은 무릎을 꿇고서 하늘에 계신 하나님께 자비를 구하는 기도를 시작했다. 그들은 가식의 겉옷을 벗었고, 헤스터가 기도하자 승리가 찾아왔다. 그들은 의심을 모두 떨쳐버리고 주님을 만난 기쁨을 만끽하며 자리에서 일어섰다.

일간 신문마다 짐승의 엄청난 업적이 넘쳐났다. 그는 대단한 능력을 가졌고 여러 가지 놀라운 기적을 일으켰기 때문에 추종자가 점점 더 늘어갔다. 처음에 그가 하나님의 아들이라는 주장을 비웃던 수많은 사람이 이제는 확신을 갖고서 짐승의 추종자가 되었다. 유대인들은 이스라엘의 구원자가 대단한 능력을 지니고 있다는 것은 알고 있었지만 이 정도로 대단할 것이라고는 한 번도 생각해 본 적이 없었다.

유대인들과의 조약이 파기되었다는 신문의 헤드카피는 헤스터에게 힘겨운 순간이 닥치고 있음을 알려주는 전주곡이었다. 기적을 통해서 세상을 놀라게 한 대단한 존재가 이제는 이스라엘을 구원하는 그리스도가 아니라 유대인과 세상의 신으로 자처하고 있었다.

유대인들은 여러 가지 일을 모두 겪고 난 뒤에 적그리스도를 배척했다. 그는 누구보다 그들을 위해서 더 많은 일을 했다. 그들은 적그리스도 덕분에 예루살렘에 멋진 성전을 건축하고 오래전에 조상들이 그랬던 것처럼 제물을 바칠 수 있게 되었다. 짐승에게 우호적인 기사를 쓰는 신문기자는 유대인들이 모든 것을 장악할 수 없어서 불만을 품고 있다고 기사를 썼고, 짐승은 자신이 하나님이기 때문에 돌아오게 될 것이고 자신 없이는 유대인들이 어떤 일도 해낼 수 없다고 말했다.

헤스터는 유대인들이 짐승을 하나님의 아들이라고 생각하는 바람에 처음부터 속은 것이라고 생각했다. 이제 그들은 눈을 뜨게 되었고 더 이상 암흑을 헤매지 않게 되었다. 그들은 짐승의 참모습을 알게 되었다. 짐승은 사악한 존재, 멸망의 자식이었다.

적그리스도를 외면하는 바람에 고문당하고 두려워하는 유대인들의 사진이 신문에 실렸다. 유대인들은 적그리스도가 정체를 드러내자 그가 조상들이 십자가에 매달았던 진짜 그리스도와 다르다는 것을 깨닫고서 엄청난 두려움에 사로잡혔다. 그 순간에 그들은 갈보리를 보았다. 고난, 비난, 그리고 수치의 갈보리였고, 영광, 명예, 그리고 구속의 갈보리였다. 유대인들이 지금 겪는 이 모든 공포는 초라한 나사렛 사람이 하나님의 아들이었다는 것을 알기만 했어도 피할 수 있었다.

헤스터는 신문에 실린 다른 사진들을 보다가 환란의 시대에 주님과 함께 지내도록 들림을 받게 되는 14만 4천 명의 유대인들을 떠올렸다. 그녀는 요한계시록 12장에 언급된 여자가 이스라엘이고, 사람의 아들은 하나님이 14만 4천 명을 채우려고 이스라엘의 12지파에서 각각 1만 2천 명씩 선택한 사내들이라는 것을 알게 되었다. 요한계시록 14장에는 그들이 여자에 의해서 순결을 잃지 않았다고 기록되어 있기 때문에 헤스터는 그들이 사내들이라고 생각했다. 그들은 환란의 시대에 들림을 받도록 되어 있었다. 여전히 지상에는 환란이 지속되고 있었지만 그들이 하늘나라에 있는 것을 사도 요한이 목격했기 때문이다. 그들은 하나님께 바쳐진 첫 열매였다. 헤스터는 틀림없이 이때쯤 그들이 들림을 받을 것이라고 생각했다.

"이 무서운 환란의 시대에 여기서 들림을 받게 되면 얼마나 좋을까! 주님을 진심으로 따를 수 있다면 언젠가 나도 이 고통을 벗어날 수 있을 거야."

그녀가 중얼거렸다. 짐승의 표가 도입되고 난 뒤에 앨러배스터에도 짐승의 형상이 세워졌다. 헤스터는 짐승의 형상을 처음 보았

191

을 때 얼마나 놀랐는지 말로 표현할 수 없을 정도였다. 그냥 형상에 지나지 않았지만 말을 할 수도 있었다. 그녀는 사람들이 그 형상의 주변에 모여서 경배하는 모습을 눈여겨보았다. 믿을 수 없는 장면을 바라보다 보니 가슴이 두방망이질 치고 숨을 제대로 쉴 수 없다. 짐승의 형상이 발산하는 힘에 눌려서 절하고 경배해야 할 것 같았다. 헤스터는 그리스도의 보혈을 계속해서 의지하지 않을 수 없었다. 헤스터를 비롯해서 짐승의 표를 받지 않은 다른 사람들은 짐승의 형상에 경배하는 사람들을 가슴 아프게 지켜보았다.

하늘은 연분홍 테를 두른 솜털 구름이 걸려 있어서 아름다웠고, 태양이 밝게 비추고 있었지만 헤스터에게는 따뜻한 느낌이나 아름다움이 느껴지지 않았다. 그녀가 보는 세상은 정상이 아니었다.

어느 거리를 가든지 짐승의 표 때문에 말씨름이 벌어졌다.

"죽는 한이 있어도 절대 짐승의 표를 받을 수는 없는 일입니다."

한 사람이 말했다. 다른 사람이 그 말을 받았다.

"아직은 어찌해야 할지 모르겠어요. 먹을 것을 구하기 위해서는 무슨 수를 내야 할 텐데. 굶을 수는 없는 거 아닙니까."

헤스터는 그 동네에서 가장 큰 슈퍼마켓 입구로 가서 거기서 벌어지고 있는 일들을 일일이 확인했다. 계산하러 가는 사람마다 예외 없이 물건을 구매하기 전에 짐승의 표를 제시해야 했다.

헤스터는 어느 부인이 간단한 물건들을 들고서 억지로 계산대에 있는 점원에게 다가서는 것을 지켜보다가 머리부터 발끝까지 얼어붙었다. 그녀의 모자 밑에 드러난 은빛 머리카락이 햇빛을 받아

〈하늘 보좌 앞의 예배〉(밤베르크 묵시록(Bamberg Apocalypse) 삽화. 라이헤나우 수도원(콘즈탄 츠호), 1000~1020년경, 오토 3세, 헨리 2세 후원으로 제작, 밤베르크 주립도서관, 독일). 삽화는 하늘 보좌 앞에서 네 생물과 이십사 장로가 그리스도에게 예배드리는 장면을 묘사한 것이다. (스토리 요한계시록, 양형주 저, 발췌)

서 반짝였다. 얼굴은 주름이 많았지만 두 눈은 밝게 빛났다. 그녀는 물건들을 계산대에 내려놓았지만 짐승의 표를 제시할 생각을 하지 않았다.

점원으로 근무하는 잰드라의 이마에는 짐승의 표가 선명했다. 그녀가 의심스러운 눈초리로 나이 많은 부인을 노려보았다. 헤스터가 보기에도 점원은 몰인정하고 자비라고는 눈곱만치도 없었다.

"어서요! 어서 보여 달라고요!"

잰드라가 소리를 높였다.

"하루 종일 기다릴 시간이 없어요. 표는 어디에 있죠?"

부인은 약간 당혹스러운 눈빛을 보내면서도 짐승의 표를 제시할 생각을 하지 않았다. 그녀의 뒷줄은 점점 더 늘어갔고, 계산하려고 기다리는 사람 사이에서 성급한 소란이 일었다.

"표가 있어요, 없어요?"

잰드라가 째진 음성으로 말했다.

"있으면 보여주시고, 없으면 비켜주세요."

가까이 있는 사람들의 시선이 부인에게 날아드는 순간, 그녀가 고개를 든 채 슬프고 걱정스러운 눈길로 바라보았다.

"짐승의 표가 없어요."

그녀는 풀죽은 음성으로 대답하면서도 물러서지는 않았다.

"하지만 이번만 물건을 사게 해주세요."

대답은 단호하고 호전적이었다.

"그러시군요! 안 되겠어요! 그리고 아주머니는 도대체 누구시죠? 안내문이 보이지 않나요? 여기에 붙어 있는 안내문에 표를 받지 않으면 물건을 살 수 없다고 기록된 게 보이지 않나요? 그러니 비켜주세요."

점원이 욕설을 섞어가면서 말했다.

"경찰을 부르겠어요."

부인은 자리를 뜨지 않았다. 어깨를 들썩이다가 주머니에서 손수건을 꺼내서 눈물을 닦아냈다.

"제발 물건을 살 수 있게 해주세요. 집에 먹을 것이 모두 떨어졌어요."

그 말에 잰드라가 몹시 흥분했다.

"간단한 말도 읽거나 이해하지 못하니 정말 어리석은 사람이네! 당신처럼 무식한 사람들을 다룰 수 있는 또 다른 방법이 있지!"

그녀가 씨근거렸다. 그때 경관 한 명이 도착했는데, 눈빛이 짐승의 표를 받은 모든 사람이 그런 것처럼 무자비했다. 경찰관의 이마와 소매, 그리고 모자에는 짐승의 표가 선명했다. 그가 부인을 거칠게 붙잡고서 문밖으로 끌어냈다. 그녀는 두려워서 어쩔 줄 몰라하다가 경찰이 무정하게 끌고 가는 순간 하나님께 도움을 구하기 시작했다.

헤스터는 서둘러 가게를 빠져나오면서 눈물을 훔쳤다. 그 부인은 하나님의 자녀였다. 주님이 재림했을 때 준비하지 못했던 부인이 불쌍했다. 그랬더라면 이 모든 가슴 아픈 일을 겪지 않았을 것이다.

눈물이 앞을 가려서 제대로 걷지 못하는 헤스터가 은행 앞을 지나다 보니 사람들이 모여 있었고, 순찰차들이 길가에 주차되어 있었다. 헤스터가 도착한 순간 경찰관들이 어느 사내를 끌고 나와서 차에 태웠는데, 옷은 찢어지고 피범벅이었다. 사내는 심하게 구타당한 상태였다.

"내 돈 아닙니까!"

그가 고함을 질렀다.

"그러니 돈을 찾으려고 했던 거고요!"

"표가 없는 한 당신 돈이 아니야!"

한 경찰관이 힘주어서 말했다. 헤스터는 숨이 막혔다. 비명을 지를까 봐 손으로 자신의 입을 막았다. 경찰관 가운데 한 명은 콜린스 부인의 아들 짐이었다. 그는 짐승의 표를 지니고 있었다.

"말도 안 돼!"

그녀는 목이 메었다.

"콜린스 아주머니의 아들이 그럴 리 없어!"

그러다가 정신을 차린 그녀가 소리쳤다.

"짐! 짐 콜린스 씨!"

입가의 비웃음과 검은 두 눈에서 반짝이는 악마의 능력만 아니면 잘생긴 용모와 넓은 어깨를 가진, 곱실거리는 검은 더벅머리 경찰관이 돌아서서 헤스터의 두 눈을 노려보았다.

"너는 누구지?"

헤스터는 잠시 말을 이어갈 힘을 잃어버렸지만 결국 더듬더듬

말을 이어 나갔다.

"저는… 헤스터… 벨… 윌슨입니다."

그녀는 완전히 얼어붙었다. 숨이 멎을 것 같았다. 정신 차려야
한다고 다짐했다. 괜한 짓을 한 것 같았다.

"저는… 아저씨의… 어머니와… 같은… 교회를 다녔어요. 그분
은… 정말… 제게 잘해주셨어요. 제게는 둘도 없는 친구였어요."

헤스터는 쏟아지는 눈물 때문에 말을 제대로 잇지 못했다. 그녀
가 어머니의 이름을 거론하는 순간 짐이 흥분하기 시작하더니 분노
때문에 몸을 떨었다.

"그만 해!"

그가 이를 갈면서 온갖 욕설을 쏟아냈다.

"내 앞에서 그 여자의 이름을 두 번 다시 입에 올리지 말거라!"

짐은 헤스터를 때리기라도 할 것처럼 주먹을 쥐어 보였다.

"그 사람은 내 기억에서 이미 완전히 지워버렸는데 네가 생각나
게 하는구나! 나는 그 여자를 증오한다! 증오한다고! 내가 무슨 말
을 하는지 알겠니?"

짐이 고함을 질렀다.

"그 여자와 같은 땅을 밟았다는 게 구역질 난다고!"

예수님을 믿는 어머니 밑에서 자랐던 자신의 운명을 저주했다.

"말도 안 되는 미신을 가르쳐준 그 여자를 경멸한다. 지금은 어
리석게도 자신이 하나님 덕분에 들림을 받았다고 믿게 할 속셈으로
숨어서 지내고 있어. 도대체 말도 안 되는 거짓말이나 하고 있으니

말이야."

"그만 하세요!"

헤스터는 자신이 어떤 위험을 자초하는지는 의식하지 못한 채
소리쳤다.

"콜린스 아주머니를 그렇게 말하면 안 돼요! 그런 식으로 말하
면 안 된다고요!"

그녀가 발작하듯 울음을 터뜨렸다. 그러면서 짐이 가는 길을 가
로막고 정신없이 그의 외투에 매달렸다. 짐이 그녀를 밀치면서 인
정사정없이 걷어찼다.

"꺼져, 정신 나간 것 같으니라고!"

그가 버럭 소리를 질렀다. 그리고 다시 주먹을 휘두르려고 했지
만 헤스터가 군중 사이로 몸을 피했다. 그녀는 고함을 들을 수 있
었다.

"저 여자아이를 붙잡아! 저 애는 제정신이 아니야!"

그 말밖에는 기억이 나지 않았다. 기적적으로 봉변을 모면하기
는 했지만 방법까지 생각해둔 것은 아니었다. 그녀가 정신을 차려
보니 공원의 우거진 관목 숲 뒤였다. 가슴이 미어질 정도로 흐느껴
울었다. 처음에 그녀는 잠결에 꿈을 꾸었다고 생각했다. 그녀는 자
리에서 일어서면서 어떻게 그곳에 있게 되었고, 어째서 낮잠을 자
게 된 것인지 궁금했다. 그러다가 다시 풀밭에 쓰러지고 말았다. 크
게 다친 다리의 통증이 무척이나 심했다.

생각이 떠올랐다. 그것은 꿈이 아니라 사실 그대로였다. 콜린스

아주머니의 아들 짐이 영혼을 사탄에게 팔아넘겼고, 그토록 훌륭한 자신의 어머니에게 입에 담지 못할 온갖 욕을 퍼부어댔다. 그리고 자신을 걷어찬 것이었다. 콜린스 부인은 두 번 다시 짐을 보고 싶어 하지 않을 것 같았다. 이제 그는 천국에 대한 소망을 가질 수 없었다. 지옥에서 나온 악마 같았다. 어째서 그런 지경이 된 것일까? 헤스터는 몸서리쳤다. 굶주리거나 죽게 되더라도 짐승의 표를 받지 않겠다고 단단히 결심했다.

짐승의 표를 받지 않은 사람들에게는 불확실한 날의 연속이었다. 그들은 마음을 놓을 수 없었다. 언제라도 오른손을 펴고서 짐승의 표를 받도록 요구받을 수 있었다. 더욱더 많은 사람이 하나님의 아들 그리스도를 비난하지 않고 짐승의 표를 거부한다는 이유로 죽음으로 내몰리고 있었다. 헤스터는 가끔 자기 가족이 어느 정도나 마수를 피할 수 있을지 생각해보았다. 짐승의 정권에 봉사하는 경찰관들이 집집마다 돌아다니면서 남녀를 가리지 않고 체포했다. 짐승의 표를 받으면 석방되었지만 그렇지 않을 경우에는 고문실로 끌려갔다.

헤스터는 짐승의 표를 받지 않아서 굶주려 죽은 사람의 시신이 길에 줄지어 쓰러져 있는 것을 보고서 승리의 감정을 느꼈다. 신앙을 지키려고 짐승의 표를 거부한 사람이 적지 않았기 때문이었다. 헤스터에게 죽음은 더 이상 환영받지 못하는 손님이 아니었다. 그녀는 쓰러져서 죽음을 맞이하는 게 안심이 될 정도였다. 그녀는 죽을 수 있게 해달라고 여러 차례 기도하기도 했지만 하나님은 그녀의 기도에 응답하지 않으셨다.

어느 날, 헤스터가 혼자 집을 지키고 있는데, 요란하게 대문을 두드리는 소리가 들렸다. 그녀는 숨을 죽이고 기다렸다. 어떻게 해야 할까? 어머니와 아버지는 먹을 것을 구하러 외출한 상태였다. 어느 쪽도 짐승의 표를 받지 않았기에 음식을 구하는 것은 그리 간단한 문제가 아니었다. 다시 한번 문을 두드리는 소리가 나더니 걸걸한 음성이 들려왔다.

"짐승의 이름으로 명령한다. 문을 열어라!"

헤스터의 얼굴에서 핏기가 사라졌다. 숨을 곳을 찾으려고 둘러보았지만 딱히 없었다. 어찌해야 할까? 명령조의 음성이 다시 들려왔다.

"문을 열지 않으면 부수고 들어가겠다!"

그녀는 재빨리 성경을 집어서 소파의 쿠션 밑에 숨기면서 기도했다.

"사랑의 하나님, 침착하게 대답할 수 있게 도와주세요."

그러고 나서 문을 열었다.

"드디어 나타나셨군."

경찰관이 걸걸한 음성으로 말했다.

"어째서 이렇게 꾸물거린 거야?"

그가 헤스터를 훑어보면서 물었다.

"잠깐 들어오세요."

그녀가 공손하게 말했다. 세 명의 경찰관들이 더 이상 지체하지 않고서 헛간이나 되는 것처럼 집 안으로 들이닥쳤다.

"자리에 앉으세요."

헤스터가 상냥하게 권했다. 그녀의 머릿속에는 엄청난 먹구름이 밀려오고 있었다. 이 사람들이 떠나기 전에 어머니와 아버지가 돌아오게 되면 이들이 그분들에게 어떤 행패를 부릴까? 짐승의 표에 대해서 물으면 어떻게 대답해야 할까? 답변이 필요한 여러 가지 문제가 머릿속을 어지럽혔다. 그녀는 자신이 받게 될 질문들에 적당히 둘러댈 대답을 찾기 위해서 부지런히 생각을 거듭했다.

"너는 누구와 함께 살고 있지?"

셋 가운데 가장 키가 작은 사내가 날카롭게 물었다.

"어머니, 아버지와 함께 살고 있어요."

턱을 들고 그녀가 대답했다.

"모두 표는 받은 거냐?"

사내가 여전히 그녀를 뚫어지게 쳐다보면서 물었다. 그녀는 물러서지 않으면서 아주 또렷하게 대답했다.

"저는 받지 않았습니다."

그녀는 마음속으로 기도했다.

"하나님, 저들이 생각을 바꿔서 부모님이 짐승의 표를 받았는지 묻지 않게 해주세요."

"어째서 표를 받지 않은 거지?"

그가 조금 더 가까이 다가서면서 물었다.

"표를 받으면 안 되기 때문입니다."

그녀가 상대의 두 눈을 바라보면서 대답했다.

"표를 받을 수 없다는 게 무슨 말이냐?"

그녀의 맑은 시선을 부담스러워하면서 사내가 물었다.

"그리스도인이기 때문에 그렇습니다."

그녀가 담대하게 대답했다. 그녀의 얼굴은 그리스도에 대한 불타는 사랑 때문에 빛났다. 두려움은 완전히 자취를 감춘 뒤였다.

"저는 상당한 값을 치르고 이미 팔렸습니다. 금이나 은보다 더 소중한 것을 치르고 말입니다."

"그게 무엇이지?"

또 다른 사내가 말을 가로챘다.

"이봐, 수수께끼 놀이는 그만하라고. 우리가 알아들을 수 있게 말하라니까."

"사실대로 말할게요."

헤스터가 겸손하게 말했다.

"그것은 바로 하나님의 아들이 흘리신 보혈이에요."

순식간에 사내들의 눈에서 동정의 빛이 완전히 사라졌다. 자신들의 앞에 서 있는 그녀는 흠잡을 데 없는 모습이었지만 짐승 이외의 신을 믿는다는 고백을 듣는 순간 자신들이 따르는 신에 대한 애정과 충성 이외에는 아무것도 생각하지 못했다.

그들은 하늘에 계신 하나님을 모독하면서 그녀의 머릿속에서 말도 안 되는 생각을 지워버리겠다고 떠들어댔다. 그들은 분노하면서 책상 서랍을 뒤지고 물건들을 바닥에 내팽개치기 시작했다. 폭풍이 밀어닥친 것처럼 그들은 침실 문을 걷어차고 들어가서 옷장 서랍들을 뒤집어 놓기 시작했다. 헤스터는 그들을 뒤따라가서 어머니의 물건이 바닥에 나뒹구는 것을 지켜보면서 절망했다. 그들이 침대를 뒤집으려고 하는 순간에 헤스터가 가로막으면서 말했다.

"하나님 말씀을 찾으려고 하시는 거잖아요."

사내들이 깜짝 놀라면서 바라보는데, 한 사내가 무뚝뚝하게 대답했다.

"우리는 성경이라고 부르는 말도 되지 않는 책을 찾는 중이다. 너는 그것을 하나님 말씀이라고 부르겠지만 우리는 그렇게 생각하지 않는다. 한 권이라도 이곳에 있다면 찾는 대로 완전히 없애버릴 생각이다."

"이곳에는 성경이 없어요. 거실에 있는 소파의 쿠션 밑에 내 성경을 넣어두었어요."

그들은 믿을 수 없다는 표정으로 그녀를 바라보았다. 이런 사람을 본 적이 없었다. 그녀의 생각만 바꿀 수 있다면 짐승의 정권에 상당한 도움이 될 수도 있었다. 그들이 기대하고 있는 것은 무엇에도 겁을 먹지 않는 사람이었다. 그녀가 바로 그랬다. 그녀는 처음에 본 순간부터 전혀 흔들림이 없었다.

하나님 말씀에 대한 적개심이 가득한 한 경찰관이 그것을 숨겨둔 곳으로 달려가서 쿠션 밑에서 성경을 끄집어 들었다. 헤스터의 생각과 달리 그들은 성경을 찢지 않았다. 교활하게 생긴 한 사내가 헤스터에게 손을 내밀라고 지시했다. 헤스터는 순순히 따랐다. 그녀가 두 손을 내밀자 손목에 수갑이 채워졌다. 그렇지만 그녀는 속내를 조금도 내보이지 않았다.

"우리와 함께 간다."

셋 가운데 우두머리로 보이는 사내가 차가운 미소를 지으며 명령했다. 헤스터는 다시 돌아올 것이라고는 기대하지 않으면서 집을 나섰다. 그녀는 하나님이 세우시고 만드신 도시를 기대하고 있었다. 그녀는 서둘러 주변을 둘러보면서 익숙한 모습을 머릿속에 새겼다.

그녀는 두 명의 경찰관 사이에서 길을 걸어가면서도 고개를 꼿꼿이 들었다. 한 명이 그 뒤를 따랐다. 그녀는 자신이 목숨을 잃을 수 있다는 것을 알고 있었지만 언젠가 예수님은 그녀를 위해서 갈보리까지 죽음의 행진을 시작했다. 그분을 위해서 죽을 수 있다는 것은 얼마나 대단한 특권일까! 그분은 그녀를 위해서 수없이 많은 일을 행하셨다.

한동안 동네를 지날 때까지도 누구 하나 입을 열지 않았다. 그때 무례한 사내가 성경을 함부로 다루는 것을 지켜보던 헤스터가 침묵을 깨뜨렸다. 그녀가 상냥한 음성으로 호소했다.

"우리가 가는 곳까지 제가 성경을 들고 가면 안 될까요?"

"말도 안 되는 소리!"

경찰관 가운데 한 명이 그녀를 거칠게 밀면서 화를 냈다. 성경을 들고 가던 사내는 헤스터의 호감을 사고 싶어 했다. 그녀를 짐승의 정권에 끌어들일 속셈이었기 때문이다. 아직 나이가 많지 않으니 설득하기가 그리 어렵지 않으리라 생각했다.

"우리가 처리해야 할 일을 저 소녀에게 맡기지 못할 이유가 없을 것 같아. 게다가 나는 이 더러운 물건을 운반하고 싶은 마음이 전혀 없네. 이것 때문에 식은땀이 난다니까. 그렇지 않아도 자네들 가운데 하나가 맡아주기를 바라고 있었네."

그것으로 논쟁은 마무리되었다. 두 사람 가운데 누구도 소름 끼치는 낡은 책을 운반하고 싶은 마음이 없었다. 아무리 마음을 가라앉히려고 해도 계속 꺼림칙했다.

그렇게 해서 성경은 헤스터가 맡게 되었다. 그녀는 성경을 가슴으로 품었다. 성경은 따뜻했고 그 능력이 몸에 전해지는 게 느껴졌다. 하나님이 죽음의 순간까지 함께 하신다는 것을 확신하고 있었기에 그녀의 마음은 더욱 안정되었다.

마침내 그들은 붉은 벽돌 건물에 도착했다. 뜰에는 그리스도인을 고문하는 장치들이 자리 잡고 있었다. 헤스터와 경찰관들이 들어서는 순간 누군가 화형을 당하고 있었고, 한 무리의 사람들이 주변에 모여서 지켜보고 있었다. 인간의 몸이 불에 타는 지독한 냄새가 진동했고, 헤스터는 역겨웠다. 영혼이 이미 육신을 떠났다는 것을 한눈에 알 수 있었다.

경찰관들은 그녀를 커다란 책상이 놓여 있는 널찍한 방으로 안내했다. 그곳에는 공포심을 불러일으킬 정도로 사악한 기운이 감도는 눈빛을 가진 사내가 앉아 있었다.

"표는 받았나?"

책상에 앉은 사내가 물었다.

"그것을 받기만 하면 고생할 일이 없어. 표가 있으면 언제든지 이곳을 빠져나갈 수 있단다. 정말 간단한 일이라니까."

그는 교활한 눈빛으로 계속해서 설득하려고 들었다.

"그리고 너는 죽기에는 너무 예쁘잖니."

사내가 헤스터의 손을 가볍게 건드리자 그녀는 뱀이 손을 물기나 한 것처럼 소스라쳤다.

"짐승의 정권에는 너와 같은 소녀들이 필요하단다. 문제가 벌어지더라도 안정을 유지할 방법을 알고 있는 똑똑한 사람들 말이다."

그가 헤스터를 짐승 쪽으로 끌어들이려고 친절을 가장하면서 말했다.

"밖에서 불쾌한 장면을 보았을 거야. 유감스러운 일이지만 사람들에게 짐승께서 간단한 상대가 아니라는 것을 알려주기 위해서는 어쩔 수 없는 일이란다. 그분은 심각하게 생각하고 있어. 표를 받겠니? 아니면 같은 신세가 되겠니?"

헤스터가 자세를 흩뜨리지 않으면서 고개를 들었다. 그녀의 대답은 솔직하고 단순했다.

"싫어요! 절대 짐승의 표를 받을 수 없어요!"

세 명의 경찰관들은 믿을 수 없다는 듯 바라보았다. 잘못 들은 것은 아닐까? 이 소녀가 죽음까지 두려워하지 않게 하는 초자연적 힘은 무엇일까? 책상 뒤에 앉은 사내의 얼굴이 분노 때문에 흙빛이 되었다. 그가 엄한 음성으로 지시를 내렸다.

"데리고 나가! 저 아이의 생각이 바뀌도록 몇 가지 '실험'을 할 필요가 있겠어."

그가 무엇인가 메모를 갈겨서 부하에게 넘겼다. 그녀는 거친 손길에 이끌려서 뒷문을 거쳐 양쪽에 독방들이 있는 좁고 더러운 장소로 끌려갔다.

"네가 멋진 화형 장면을 볼 수 있는 앞쪽 독방에 가두라는 분부시다."

비웃음을 날리는 간수의 말을 듣는 순간 헤스터는 온몸이 얼어붙었다. 그녀는 대형 철문의 입구 쪽으로 끌려갔다. 그들은 문을 거칠게 닫고 나서 열쇠로 잠갔다. 그녀는 잠시 닫힌 문을 바라보다가 돌아서서 주변을 살펴보았다. 가구는 고작 하나뿐이었는데, 낡고 더러운 간이침대에 지저분한 담요가 널브러져 있었다. 독방에는 무거운 창살이 쳐진 작은 창문이 달려 있었다. 창살 사이로 내다보이는 뜰에서는 짐승에게 경배하지 않은 사람들이 고문당하고 있었는데, 피로써 자신의 믿음을 증명한 사랑스러운 노인의 몸이 불타고 있는 게 눈에 들어왔다. 헤스터는 창살에 매달린 채 역겨운 장면을 바라보며 전율했다. 그녀는 기도했다.

"하나님! 흔들림 없이 영광스럽게 죽음을 맞을 수 있도록 도와주세요."

헤스터는 시끄러운 소리를 듣고서 옆방에도 다른 사람들이 갇혀 있다는 것을 알게 되었다. 그녀는 그들을 볼 수 없었다. 문은 강철이었고, 천장에 드러난 쇠막대기까지 시멘트벽이 세워져 있었다.

익숙한 음성을 확인하고 싶은 마음이 간절했지만 들리는 것은 생소한 신음과 울음소리뿐이었다.

헤스터는 여전히 자신의 성경을 부둥켜안고 있었다. 감금을 당하기 전에 성경을 소지한 게 발각되지 않은 것은 하나님의 기적이었다.

그녀는 소중한 성경을 간직할 수 있게 배려한 하나님께 감사하며 더러운 침대 밑에 서둘러서 성경을 숨겨두었다. 그것은 기대할 수 있는 것 그 이상이었다. 이런 곳에서 지내는 것은 말할 수 없이 두려웠지만 주님이 자신을 잊지 않고 있다는 게 느껴지는 것은 상당한 위로가 되었다.

다른 죄수들이 내는 신음과 흐느끼는 소리와 함께 뜰에서 우울한 종소리가 들려왔다. 그녀는 전에도 여러 차례 그 소리를 들었고 그것의 결과를 목격한 바 있기 때문에 그것이 무엇을 의미하는지 알고 있었다. 그들이 또 다른 '이단자'를 순교자의 무덤으로 보내려고 하고 있었다. 그녀의 가슴이 거칠게 뛰었다. 그녀 역시 생사의 기로에 있었다.

그때 발소리가 들려왔다. 자기도 모르게 비명이 나올까 봐 손으로 입을 틀어막았다. 밖에서 서두르는 소리가 들리더니 열쇠로 문을 따고 있었다. 그녀는 완전히 창백해졌다. 자신의 순서가 닥친 것이라고 생각했다. 문이 조심스럽게 열렸는데, 한 사내가 손에 검을 들고 서 있었다. 당장이라도 그녀의 목숨을 빼앗을 기세였다. 사내가 이글거리는 시선으로 잠시 그녀를 쏘아보았다. 헤스터는 두려워서 얼어붙었다. 억지로 앞으로 다가가면서 말했다.

"준비되었어요."

그렇지만 어떤 대답도 들을 수 없었다. 사내가 침묵을 깨고서 누구도 거역할 수 없을 정도로 모질게 말했다.

"창가로 다가가서 서라! 어떤 경우라도 움직여서는 안 된다. 알 겠느냐? 네게 보여주고 싶은 멋진 장면을 보게 될 것이다. 가라! 내 가 시키는 대로 해!"

그가 욕설을 섞어가며 고함을 질러댔다. 헤스터는 정신없이 명 령을 따랐다. 꿈을 꾸는 것 같았다. 이런 일이 벌어질 것이라고는 생각하지 못했다. 더듬거리면서 창으로 다가서니 뜰이 내다보였다. 그러고 나서 문이 큰 소리를 내면서 닫히고, 자물쇠가 다시 잠겼다. 가까운 거리에서 흐느끼는 소리가 들려왔다. 그녀는 성도가 죽음을 맞이하는 모습을 억지로 지켜보는 게 자신만이 아니라는 것을 알게 되었다.

뜰에 모인 사람들이 짐승의 형상을 향해서 소리를 높이더니, 갑 자기 아주 조용해졌다. 그리고 잠시 긴장된 기다림의 순간이 이어 졌다. 헤스터가 갇힌 독방 밖에서 발소리가 요란했다. 그녀가 귀를 기울였다. 발소리가 아래쪽으로 몰려가더니 잠시 멈추었다. 그리고 뜰로 이어지는 쇠문이 소리 내면서 열렸다. 잠시 뒤에 간수의 우두 머리가 크고 걸걸한 음성으로 외쳤다.

"차렷!"

간수들이 크고 둥근 철제 뚜껑의 양쪽에 두 줄로 늘어섰다. 헤스터가 본 적이 없는 새로운 고문 방식이 분명했다. 그녀는 손에서 핏기가 가실 정도로 쇠창살에 힘껏 매달렸다.

아름답고 가냘프게 생긴 어느 젊은 여인이 덩치가 크고 거친 사내에게 떠밀려서 간수들 사이로 들어섰다. 그녀의 금발이 햇빛에 반짝여서 미모가 돋보였다. 그녀의 두 눈에서 하나님의 영광을 확인할 수 있었다. 입술은 약간 떨렸지만 그것 말고는 두려움의 흔적이 없었다. 그녀는 위엄을 잃지 않은 채 어깨를 곧게 펴고 있어서 바라보는 사람들마다 조심스러워지지 않을 수 없었다. 잔인한 간수는 더 이상 밀어붙이지 않았고, 그녀는 천천히 걸음을 옮겼다. 간수들이 그녀를 어떻게 죽이려고 할까, 아니면 정말 죽일 생각을 하는 것일까? 마지막 순간에 그녀가 하나님에 대한 신앙을 철회하고 포기해버리는 것은 아닐까?

헤스터는 기도했다.

"오, 자비하신 하나님! 저 부인이 당신을 위해서 생명을 바칠 수 있는 힘을 주세요."

바로 그 순간, 두 명의 사내가 크고 깊은 구덩이를 덮고 있는 뚜껑을 열었다. 헤스터는 창문을 통해서 수백 마리의 서로 다른 독사들이 뒤엉켜 있는 것을 똑똑히 볼 수 있었다. 젊은 여인이 맞게 될 운명을 생각하니 말할 수 없이 두려웠지만 눈을 뗄 수 없었다. 이마에 식은땀이 맺히고 등줄기에 냉기가 흘렀다. 부인이 구덩이 옆에 섰는데, 구금된 사람들이 보기에도 자신의 운명을 직감한 그녀는 공포에 질려 있었다.

강제로 뱀 굴을 내려다보는 순간 당황한 그녀의 두 눈이 커졌다. 뱀들이 희생자를 향해서 머리를 추켜들었고, 갈라진 혀를 정신 없이 내밀었다.

헤스터는 비명이 막 터져 나올 것 같았지만 참아야 한다는 것을 알고 있었다. 그녀는 그림자처럼 창살이 달린 창문을 벗어나 바닥에 쓰러져서 몸을 떨며 흐느꼈다. 즉시 간수가 창문으로 다가와서 욕설을 퍼부어대며 말했다.

"이봐, 명령을 받은 대로 창문으로 돌아와. 자신이 대단하다고 생각하나? 명령을 따를 정도로 똑똑하다면 표를 받으라고. 그러면 다시 한번 기회를 주지 않겠어?"

그가 고함치듯 말했다. 서 있을 힘조차 없을 정도로 떨고 있는 두 다리를 이끌고서 그녀가 창문으로 다가서는 바로 그 순간에 간수가 젊은 여인에게 묻는 소리가 들려왔다.

"신앙을 포기하고 짐승의 표를 받아서 오늘부터 그분만이 참되고 유일한 신이라고 인정하겠느냐?"

그 여인은 눈도 깜박이지 않은 채 돌처럼 서 있었다. 사방이 쥐 죽은 듯 고요했다. 모든 시선이 답변을 기다리면서 그녀에게로 쏠렸다. 여인은 주저하지 않고 자기 생각을 털어놓았다.

"그럴 수 없어요!"

그녀가 물러서지 않고 대답했다.

"생각을 바꾸지 않을 겁니다. 하나님은 한 분뿐입니다. 내가 믿는 하나님이 우주를 다스리시는 하나님입니다!"

그녀가 힘주어 말했다. 간수는 그녀를 노려보더니 마지막 순간에라도 돌아설 것을 기대하면서 천천히 구덩이 쪽으로 떠밀었다. 그러다가 "짐승에게 영광을!"이라는 외침과 함께 간수가 그녀를 갑자기 밀쳤다. 헤스터는 평생 지워질 것 같지 않은 비명을 들었다.

성난 뱀들이 소리를 내면서 물어대자 여인은 거듭 비명을 질렀다. 무서운 구렁이가 커다란 몸으로 그녀를 휘감았고, 끈적끈적한 뱀이 몸을 조이는 순간 마지막 비명을 질렀는데, 목이 막혀서 제대로 소리를 내지 못했다. 잠잠해지자 뚜껑이 다시 덮였고, 짐승의 추종자들은 짐승에게 경배와 영광을 돌리기 위해서 무릎을 꿇었다.

헤스터는 바닥에 쓰러졌다가 나중에 의식을 회복했지만 전혀 기억이 나지 않았다. 머리가 쪼개져 나가는 것 같았다. 어디에 자신이 있는지, 그리고 무슨 일이 있었는지 잘 기억이 나지 않았다. 그러다가 자신이 목격한 끔찍한 죽음이 아주 생생하게 생각났다.

"기절했던 거야."

그녀가 일어나 앉으면서 중얼거렸다. 신음이 절로 나왔다. 온몸을 두들겨 맞은 것처럼 욱신거리고 아팠다. 그녀는 죽음도 의식하지 않고 한동안 자리에 앉아 있었다. 더 이상 살아가야 할 이유가 없었다. 모든 게 끝나면 얼마나 좋을까!

해가 지면서 헤스터가 갇힌 방에 그늘이 더 길게 드리웠다. 열쇠로 문을 따는 소리가 들리더니 간수가 악한 웃음을 지어 보이면서 문을 열고 모습을 드러냈다. 그는 투덜대면서 차갑게 식은 콩 얼마와 말라붙은 빵 한 조각을 담은 그릇을 헤스터에게 건넸다. 그리

〈Last Judgement〉(Stefan Lochner 作, 1435년) (스토리 요한계시록, 양형주 저, 발췌)

고 물 한 잔을 주면서 경고의 말을 했다.

"모두 먹어 두는 게 좋을 거다. 매일 양이 충분하지 않을 거야."

그는 헤스터가 미처 입을 열기도 전에 거드름을 피우며 돌아서서 문 쪽으로 걸어갔다. 무엇이 생각났는지 갑자기 그가 돌아보며 조롱하듯 물었다.

"그런데 오늘 오후에 보여준 멋진 서비스는 마음에 들었니?"

뚫어져라 쳐다보는 사내의 눈에서 악한 기운이 느껴졌다. 그러고는 비웃으며 말했다.

"봉변당하기 전에 마음을 고쳐먹는 게 좋을 거다."

그러고 나서 문을 걸어 잠그고 돌아갔다. 한 입도 넘길 수 없는 음식이었지만 그녀는 조금이라도 먹어두는 게 몸에 이롭다고 생각했다.

그날 밤, 낡은 침대에서 더러운 담요를 덮고 누운 헤스터는 머릿속이 복잡했다. 어머니와 아버지를 생각하면 눈물이 고였다. 어떤 운명을 맞게 될까? 지금쯤 딸의 행방을 알고는 있을까? 아버지는 자신을 구하기 위해서 목숨까지도 개의치 않으리라는 것을 알고 있었다. 그녀는 아버지가 극단적인 행동을 하지 않게 도와달라고 하나님께 간절히 기도했다.

그녀는 어둠 속에서 뱀 구덩이에 강제로 떠밀려 들어간 여인의 창백한 얼굴과 겁먹은 두 눈을 볼 수 있었다. 비명이 머릿속을 계속 맴돌았다. 발작적으로 공포가 휘몰아쳤고, 벗어나려고 발버둥쳤다.

낡은 침대에서 몇 시간을 뒤척이다가 결국 잠이 들었지만 뱀들이 온몸을 휘감는 바람에 고통스럽게 비명을 질러대는 꿈만 꾸었다.

밤이 지나고 다음 날이 밝아오니 마음이 놓였다. 어떤 하루가될지 몰랐지만 적어도 무시무시한 악몽에 시달리던 어두운 밤은 어제의 일이 되었다.

10.
죽어야 할 이유

프랭크와 수잔은 세 명의 경찰관들이 헤스터를 데리고 간 직후에 집에 돌아왔다. 그들은 집 안이 어지럽혀져 있고 헤스터가 없는 것 때문에 말할 수 없는 충격에 휩싸였다. 오랫동안 두려워하던 일이 닥치고 만 것이다. 어떻게 해야 할지 막막했다. 헤스터는 나이가 어려서 짐승의 표를 받도록 설득당하거나 속아 넘어갈 수도 있었다. 두 사람 모두 불안해서 어쩔 줄 몰라 했다. 헤스터가 짐승의 정권에 끌려간 것은 분명했다. 방법을 찾아내기가 쉽지 않았다. 그들은 딸을 찾아 나서기 전에 어두워질 때까지 기다리는 편이 더 낫다고 생각했다.

두 사람이 자리에 앉아서 식어버린 음식을 먹으려고 하는 순간, 가볍게 문을 두드리는 소리가 들렸다. 수잔은 가슴이 떨렸다. 그녀가 남편을 보면서 떨리는 입술로 나지막이 속삭였다.

"누구라고 생각해요?"

목소리가 떨렸다.

"모르겠어."

프랭크는 두드리는 소리가 점점 커지는 문 쪽을 바라보면서 목쉰 소리로 대답했다. 수잔은 잔뜩 겁을 집어먹은 채 남편이 조심스럽게 문을 살짝 열고 어두운 바깥을 내다보는 것을 지켜보았다.

"프랭크!"

잭 랜드였다. 문이 활짝 열렸다. 수잔은 안도의 한숨을 내쉬면서 의자에 물러앉았다. 잭은 전날 주님을 만날 수 있게 도와준 막역한 친구였다. 잭은 그날 오후에 짐승의 정권을 위해서 활동하는 세 명의 경찰관들이 헤스터를 데리고 가는 것을 목격했다고 서둘러 전했다. 헤스터가 성경을 팔에 안고 얼마나 당당하게 걸어갔는지 그가 전하자 수잔이 소리를 내어 울었다.

프랭크는 적개심이 일었다. 총을 가지고 가서 짐승의 표를 받은 사람들을 모두 죽여 버리고 싶었다. 수잔은 남편의 표정이 섬뜩하게 바뀌는 것을 알아차렸다. 프랭크가 자제력을 잃으면 큰일이 벌어질 게 분명했다. 성령의 인도를 받아서 중심을 잡을 필요가 있었다.

"프랭크, 하나님께 무릎을 꿇고 그 문제를 부탁하세. 우리가 해야 할 일을 알려주실 거야."

부엌 바닥에 세 사람이 무릎을 꿇고서 하나님의 뜻을 실천할 수 있는 지혜와 능력을 달라고 진심으로 주님께 기도했다. 어느 정도

216

시간이 흐르고 나서 세 사람은 새로운 희망과 용기를 얻게 되었고, 친절한 손님은 헤스터가 구원받거나 끝까지 하나님을 위해서 올바로 설 수 있도록 간절히 기도하겠다는 약속을 남기고 자리를 떴다.

사방이 어둠에 덮였을 때, 프랭크 윌슨은 감옥의 뜰로 이어지는 문밖에서 간수의 눈을 피해서 들어갈 기회를 엿보고 있었다. 목숨을 걸고서라도 들어가야 했다. 헤스터가 아직 죽지 않았다면 감옥의 어딘가에 갇혀 있을 게 분명했다. 헤스터가 잔인한 무리에 의해서 죽을 고비를 맞고 있다고 생각하니 더 큰 위험도 문제 되지 않았다. 딸에 대한 사랑과 염려가 자신의 목숨을 보전하는 것보다 더 중요했다.

한 시간 정도 흐른 뒤에 슬쩍 들어갈 기회를 잡게 되었다. 두 명의 간수가 문 앞에서 말다툼을 벌이더니 갑자기 주먹을 주고받기 시작했다. 화가 난 두 사내가 본분을 망각하는 바람에 프랭크는 눈에 띄지 않고 안으로 들어갈 수 있었다.

뜰에서 지켜보거나 감옥 쪽에서 다가오는 사람의 눈을 피해 가면서 조심스럽게 담벼락의 그림자를 따라서 가다 보니 쇠창살이 쳐진 감방들이 앞에 나타났다. 주변을 모두 살피고 아무도 없는 것을 확인하고서 감방 쪽으로 달려갔다. 전력을 다해서 건물에 도착하자 숨이 가빠졌다.

그림자처럼 건물 벽에 바짝 기대어 움직여서 첫 번째 감방의 창문에 도달했다. 손으로 눈 위를 가리고서 내부를 살폈다. 안에는 여러 명이 있었다. 일부는 바닥에 누워 있었고, 일부는 앉아 있었고,

그리고 일부는 서 있었다. 주변을 꼼꼼히 살피고 나서 프랭크가 조용히 불렀다.

"헤스터, 거기에 있니?"

대답을 기다리는 동안 온몸의 근육이 경직되었고 누구라도 대답을 해줄 것 같았다. 여러 사람이 창문으로 다가와서 밖을 내다보았다.

"헤스터가 내 딸인데, 안에 있습니까?"

그가 마음을 졸이며 물었다. 어느 여인이 창가에서 돌아서며 상냥한 음성으로 물었다.

"여기에 헤스터라는 이름을 가진 사람이 있나요? 누가 밖에서 찾고 있어요."

모두 고개를 가로젓자 여인이 돌아서서 창가로 와서 대답했다.

"없네요."

답답한 심정이 된 그는 다음 창문으로 자리를 옮겼다. 감방 안을 살펴보았지만 거기에는 여성이 한 명도 없었다.

그는 정신없이 다음 창문으로 가서 살펴보았다. 신음이 들리자 가슴이 크게 뛰기 시작했다. 헤스터였다! 쇠창살 사이로 좁은 감방을 들여다보았다. 더러운 담요를 덮어쓰고 침대에 누운 채 꿈에서 목숨을 빼앗으려는 사람들과 뱀에게 시달리느라 고통스러워하고 있는 그녀의 얼굴을 음침한 복도에서 들어오는 조명이 비추고 있었다.

프랭크가 막 헤스터를 부르려는 순간, 발소리가 들려왔다. 프랭크는 동작을 멈추고 조용히 귀를 기울였다. 헤스터는 물론이고 자신의 안전까지 위험한 상황이 되자 두려움 때문에 벽 쪽에서 허둥대느라 정적을 깨고, 멀리서도 들을 수 있을 만큼 급하게 숨을 몰아쉬었다. 발각되면 헤스터는 어떻게 될까?

발소리가 점점 요란해졌다. 야간 경비원이 프랭크가 있는 쪽으로 접근하고 있는 게 분명했다. 그때 간수가 커다란 손전등을 가지고 모퉁이를 돌면서 이리저리 비쳐댔다. 전등이 프랭크가 몸을 낮추고 있는 건물 벽을 향해서 서서히 움직였다. 불빛이 얼굴을 비추자 두려움 때문에 얼어붙고 말았다. 걸걸한 음성이 들려왔다.

"박살 나기 전에 어서 튀어나와!"

머릿속이 하얗게 된 프랭크가 한 손에 총을 들고 또 다른 손에는 전등을 들고 있는 삭막해 보이는 간수 앞으로 비틀거리며 다가갔다.

"그러니까 표를 받으러 찾아오셨다는 거지?"

사내가 비웃음을 지으며 중얼거렸다.

"아주 잘된 일이야. 덕분에 붙잡으러 다녀야 하는 수고를 덜게 되었군."

사내가 프랭크를 심하게 걷어찬 뒤에 총구를 그의 등에 가져다 대면서 앞쪽으로 밀었다. 문 앞에 도착하자 간수가 프랭크를 시켜서 문을 열었다. 어두운 문밖으로 불빛이 쏟아지자 앞을 볼 수 없게 된 프랭크가 잠시 머뭇거렸다. 간수가 또다시 그를 걷어차면서 방으로 밀어 넣었다.

"내가 뒤뜰에서 잡아 온 게 무엇인지 확인해 보게."

간수가 무척이나 흐뭇해했다.

"애인과 데이트 하러 온 것 같은데, 재미도 한 번 못 보고 이렇게 무지막지한 아빠에게 제대로 걸렸어."

책상에 앉은 사내가 프랭크를 쏘아보았다.

"감방 창밖에서 무슨 짓을 하고 있었지?"

그가 차갑게 물었다.

"여기는 연애를 하는 곳이 아니야!"

프랭크는 분노 때문에 피가 끓었다. 그러고는 생각하기도 전에 벼락같이 소리를 질렀다.

"내 딸 때문에 찾아왔다!"

"뭐라고?"

간수 가운데 하나가 프랭크를 끌고 온 사내에게 눈짓하면서 말했다.

"재미있는 일이군. 그러니까 딸에게 표를 받게 하려고 찾아왔다는 것이로군."

"딸에게 짐승의 표를 받고서 악마에게 영혼을 팔라고 말할 생각이 없다!"

프랭크가 대담하게 말했다.

"나는 우리 딸이 너희의 잔악한 고문을 잘 견디고 자랑스럽게 죽음을 맞아서 참된 신앙을 간직할 수 있는 능력을 달라고 하나님께 기도하고 있다네."

책상에 앉은 사내는 광분해서 거의 제정신이 아니었다.

"이 한심한 녀석, 그만 해!"

그가 눈을 번득이며 고함을 질렀다.

"어디서 그런 말을 함부로 지껄이는 거야! 한 번 더 떠벌이기만 하면 오늘 밤에 죽여 버릴 테다! 딸이 여기에 있다면 부인은 어디에 있지?"

"아내는 여기에 없어."

그는 부인에 대한 꼬투리를 잡히지 않으려고 재빨리 대답했다.

"누구를 바보로 알고 있군."

사내가 심하게 눈살을 찌푸리면서 말했다.

"여기에 없다는 것은 당연한 거고, 부인이 어디에 있는지 말하라는 것이야. 우리가 3단계로 가기 전에 지금 털어놓는 게 좋아. 우리는 너처럼 말하는 자들을 다루는 방법을 알고 있지. 짐승께서는 우주의 진정한 신이니, 그분에게 복종하게 될 것이다. 알겠느냐?"

그가 비웃으며 말했다.

"나는 하나님 한 분께만 복종할 것이다!"

프랭크가 지체하지 않고 대답했다.

그는 고문실로 끌려가서 고문을 받기 시작했다. 간수들은 다양한 방식으로 고문을 가했다. 그럼에도 그가 아내의 행방을 밝히지 않았지만 그들은 집 주소를 알아냈다. 프랭크는 그들이 어떻게 정보를 알아냈는지 알 수 없었다.

간수들이 프랭크를 몇 시간에 걸쳐서 고문하고 나자 수장이 끌려왔다. 그녀는 남편을 보는 순간 깜짝 놀라서 비명을 질렀다.

"저 사람에게 무슨 짓을 한 거예요!"

수잔은 프랭크에게 달려가서 숨도 제대로 쉬지 못하고 흐느꼈다. 그의 얼굴은 부풀어 올랐고, 두 눈에는 멍이 들었으며, 셔츠는 등이 찢겨 있었다. 간수들은 자신들이 지칠 때까지 무자비하게 구타를 한 상태였다.

"우리가 미용을 위해서 살짝 주물러주었지."

간수 하나가 자신이 던진 농담이 마음에 들었는지 웃음을 터뜨렸다. 그러다가 인상을 찌푸리면서 수잔의 생기까지 빨아들일 듯 사악한 눈길로 그녀를 노려보았다.

"저 자가 머리를 굴려서 우리의 지시를 따를 생각을 하지 않으면 더 험한 꼴도 볼 수 있어."

그가 계속 말했다.

"똑똑하다면 시키는 대로 따라 하겠지. 남편이 당한 봉변을 교훈으로 삼으라고."

그들은 곰팡내가 나는 감방으로 끌려갔다. 간수는 자물쇠를 채우면서 차갑게 말했다.

"이 방에서 지내던 부인은 더 이상 이곳이 필요 없을 거야. 산 채로 재가 될 정도로 구워댔으니까 말이야."

간수는 두 사람의 고통스러운 얼굴을 바라보며 섬뜩한 웃음을 남긴 채 소리가 날 정도로 문을 닫고 자물쇠를 채웠다.

다음 날 아침, 헤스터는 독방의 창문을 통해서 햇빛이 들어오자 잠에서 깼다. 길고 두려운 밤이 지난 게 너무 기뻤다. 그때 열쇠로 문을 따는 소리가 들리자 그녀의 얼굴에서 핏기가 사라졌다. 그녀는 떨리는 손으로 급히 성경을 가져다가 얇은 매트리스 아래로 밀어 넣었다.

간수가 방에 들어가 보니 그녀는 등을 돌린 채 작은 창밖을 내다보고 있었다. 간수는 친절을 가장한 음성으로 그녀에게 말을 건넸다. 그녀는 간수가 말하기 전까지 그의 존재를 알아차리지 못한 것처럼 갑자기 돌아섰다. 간수가 아침 식사를 바닥에 내려놓으면서 약간 친절한 모습으로 잠자리와 몇 가지 궁금한 것들을 물었지만 헤스터는 대답할 기분이 아니었다. 그녀는 건성건성 대답했다.

아침 식사는 따뜻하고 아주 맛있었다. 어째서 태도를 갑자기 바꾼 것일까? 애정이나 동정 때문이 아닌 것만큼은 분명했다. 그럼에도 그녀는 정신없이 먹었다. 간수는 자리를 떠날 기미를 보이지 않았지만 헤스터는 그를 무시하고 계속해서 먹었다.

식사가 거의 끝나갈 무렵, 발소리가 들렸다. 그녀가 눈을 들어 보니 간수의 우두머리가 서 있었다. 헤스터에게 아침을 배달한 간수가 재빠르게 거수경례를 했다.

"짐승 만세!"

"우리 어린 아가씨는 오늘 기분이 어떤가?"

우두머리가 헤스터에게 다가서며 친절하게 물었다.

"좋아요. 고맙습니다."

헤스터가 평온하게 대답했다.

"나도 너를 이 불편한 곳에서 풀어주라는 지시를 내릴 수 있으면 좋겠다. 너처럼 괜찮은 소녀는 감옥에 갇혀 있을 필요가 없다니까. 그냥 아주 간단한 것만 해주면 즉시 너를 석방하라고 명령할 수 있단다."

헤스터는 살갑게 구는 간수 우두머리에게 반응을 보이지 않았다. 그녀는 침착하게 앉아서 관심 없는 시선으로 그를 바라보았다. 우두머리의 표정이 일그러졌다. 이것은 그가 예상한 것과 달랐다. 그는 헤스터가 이제는 이 구덩이를 빠져나가고 싶어서 자신의 제안에 펄쩍 뛸 것이라고 분명히 믿고 있었다.

"이봐 아가씨, 작고 간단한 표를 받기만 하면 되는 거야. 전혀 아프지도 않고 바로 끝난다니까."

헤스터가 조용하게 말하는 순간 그는 그녀의 얼굴에서 말할 수 없는 분노를 읽을 수 있었다.

"절대 짐승의 표를 받지 않겠어요! 마음대로 하세요. 성경에도 육체를 멸할 수 있는 자보다는 영혼과 육체를 함께 멸할 수 있는 분을 두려워하라고 기록되어 있어요. 지금뿐 아니라 앞으로도 당신의 제안에 관심이 없어요. 대답은 언제나 똑같아요. 받지 않겠어요!"

우두머리가 믿을 수 없다는 듯이 그녀를 잠시 바라보았다. 잘못 들은 게 아닐까? 이렇게 무기력한 소녀가 자신의 제안을 그토록 신속하게 외면할 수 있을까! 그는 간단한 친절이나 동정심만으로도 그녀의 생각을 바꿔놓을 수 있다고 확신했었다. 가장 좋은 음식으로 아주 따뜻한 아침 식사를 제공하는 친절을 베풀었지만 그녀는 달갑지 않은 원수를 대하듯이 자신의 친절을 되받았다. 부하들이 얼마나 자신을 비웃을까. 대놓고 비웃지는 않겠지만 돌아서면 서로 눈빛을 주고받으면서 이 소녀의 뜻을 꺾지 못했다고 한껏 비웃을 터였다.

생각이 거기에까지 미치자 그는 격노했다. 그녀의 목을 휘어잡고서 끝장을 내버리고 싶은 마음이 간절했다. 좁은 감방을 오가면서 분을 다스리다가 한 가지 묘안이 떠올랐다. 생각하면 할수록 괜찮은 것 같았다. 거듭 확신이 섰다.

"아마 네 부모가 어젯밤에 끌려왔다는 사실을 알아두는 것도 괜찮을 거야."

당황한 헤스터의 두 눈이 커졌다. 그녀의 입술이 온기를 잃고 벌어졌다.

"관심 있을 거라고 생각했어."

그가 놀리듯 말했다. 간수가 우두머리를 따라 나가자 그녀는 음산하고 차가운 독방에 홀로 남겨졌다. 헤스터는 우리에 갇힌 동물처럼 창가에 서서 창살을 움켜쥔 채 먼 곳을 내다보았다. 엄마와 아빠가 끌려오다니! 두 사람의 운명은 어떻게 될까? 피할 수 있도록 도와줄 방법이 있다면 얼마나 좋을까! 자신은 걱정되지 않았지만 엄마와 아빠가 잔인한 사내들의 손아귀에 붙잡혀 있는 게 두려웠다. 자신을 위해서 두 사람이 신앙을 저버리면 어찌해야 할까?

"하나님, 제발 그분들이 강해지도록 도와주세요!"

그녀는 눈물을 쏟으면서 간절히 기도했다. 부모님에 관한 소식을 더 전해 듣기 위해 간절히 기다리면서 보내는 몇 시간이 그녀에게는 너무 고통스러웠다. 천천히 아침 시간이 흐르는 동안 온갖 불길한 생각이 머리를 스쳤다. 발소리가 들릴 때마다 귀 기울였지만 매번 멀어지곤 했다. 누구도 독방을 찾아오지 않았다.

점심 무렵에 육중한 발소리가 복도의 시멘트 바닥을 울리더니 그녀의 방 앞에서 잠시 멈췄다. 문이 열렸다. 아침을 가져왔던 그 간수가 들어왔다.

"네 아버지가 이것을 전해달라고 하더구나."

그가 친근한 웃음을 지어 보이면서 쪽지를 그녀에게 건넸다.

"고맙습니다."

그녀가 얇은 쪽지를 재빨리 움켜쥐면서 말했다. 떨리는 손으로 서둘러서 쪽지를 펴서 놀라운 내용을 읽어 내려갔다.

사랑하는 우리 딸에게.

엄마와 나 때문에 얼마나 불안해하는지 알고 있다. 하지만 더 이상 걱정하지 말거라. 우리는 모두 무사하단다. 사실 우리는 지금처럼 행복한 때가 없었단다. 우리는 짐승의 표를 받았다. 우리는 속아왔지만 이제는 진정한 빛을 발견했다. 네 엄마와 나는 너도 표를 받았다는 소식을 간절히 기다리고 있단다. 우리를 실망시키지 않으면 다시 만날 수 있을 거란다. 우리는 너를 정말 사랑한다는 것을 잊지 말거라. 아빠로부터.

엄마와 아빠가 이미 짐승의 표를 받았고, 지금은 딸이 표를 받기를 바라고 있다는 것일까?

"아니야! 그럴 수 없어!"

그녀가 갑자기 흥분해서 소리쳤다.

"그럴 리 없어! 불가능해!"

그녀가 간수를 올려다보면서 눈물을 흘렸다. 그러고는 작은 아이처럼 호소했다.

"사실이 아니라고 말해주세요! 아빠가 쓴 글이 아니라고 말해주세요!"

간수가 안됐다는 표정으로 그녀를 바라보며 어쩔 수 없다는 몸짓을 하면서 말했다.

"안 됐지만 사실이다. 네 아버지가 직접 쪽지를 건넸어. 네가 보면 그게 아버지가 쓴 것인지 알 수 있잖니."

그녀가 쪽지를 살폈다. 그것은 아빠의 글씨였다.

"어쩌다 그렇게 되었을까?"

그녀가 탄식했다.

"그분들이 포기하지 않도록 그렇게 자주 기도했는데."

간수가 여전히 옆에 있었지만 헤스터는 개의치 않았다. 그가 짐승의 표를 갖고 있다고 해도 문제 될 게 없었다. 걱정거리가 되지 못했다. 엄마와 아빠가 약해져서 악마에게 영혼을 팔아넘겼다고 생각하니 소리를 지르지 않을 수 없었다.

헤스터 역시 짐승의 표를 받으라고 아버지가 요구하고 있었다.

그 생각을 하면 소름이 돋았다. 짐승의 표를 받으라고? 그럴 수는 없었다. 그녀는 짐승의 표를 받을 생각이 전혀 없었다. 자신을 낳아 준 부모의 요구라도 그럴 수는 없었다.

"하나님, 엄마와 아빠가 하늘나라에 들어가기를 거절했으니 이제는 행복한 가정을 이룰 수 없게 되었습니다!"

그녀가 부르짖었다. 헤스터에게는 너무 큰 시련이었다. 그녀는 상처받은 동물처럼 애처롭게 울부짖으며 쓰러졌다. 간수가 그녀를 일으켜서 사무실로 데려갔다. 헤스터가 들어서자 우두머리가 굽어보았다.

"이제는 다 잘 될 거야."

그가 귀에다 대고 낮게 말했다. 헤스터는 잔인한 현실이 큰 파도처럼 자신을 향해서 달려오자 필사적으로 손을 저으며 똑바로 일어서려고 노력했다. 우두머리가 말했다.

"이제는 어머니와 아버지를 기쁘게 해드리기 위해서 표를 받을 준비를 해야지. 표를 받으면 자유의 몸이 될 수 있단다. 낡은 독방에 두 번 다시 들어갈 필요가 없는 거야."

우두머리가 그녀의 어깨에 손을 얹으며 부드럽게 말했다. 헤스터가 뒤로 물러났다.

"안 돼요! 그럴 수 없어요! 부모님이 표를 받은 것은 유감이지만 그분들 때문에 하나님을 실망시킬 수는 없어요."

그녀는 하나님의 영광이 빛나는 두 눈으로 우두머리를 뚫어져라 바라보며 계속해서 말했다.

"당신이 어떤 행동을 하더라도 표는 절대 받지 않겠어요."

"좋다."

그가 거칠게 말했다.

"이게 네가 바라는 것이라면 그렇게 해주지. 너는 아직 고문받지 않았으니까. 고통을 느껴보지 않은 사람은 말이 아주 많은 법이야. 부모 때문에 태도를 바꿀 것이라고 생각했는데, 그다지 사랑하지 않는 것 같군. 너는 사람도 아니야!"

그가 욕설을 퍼부었다. 그가 두 명의 간수에게 신호를 보내자 그들이 자리를 떴다. 헤스터는 숨도 제대로 쉬지 못한 채 그들이 어떤 행동을 할지 기다렸다. 그런데 간수들이 나갔던 문이 다시 열리더니 그녀의 부모가 거기에 서 있었다.

"엄마! 아빠!"

그녀가 간수를 뿌리치고 그들에게 달려가면서 소리쳤다.

"어째서 표를 받으신 거예요?"

그녀가 호소하듯 물었다. 그녀의 부모는 깜짝 놀란 표정이었다.

"우리는 짐승의 표를 받지 않았단다."

두 사람이 알 수 없다는 듯이 한 음성으로 말했다.

"그게 무슨 말이니?"

"엄마와 아빠가 표를 받았으니 저도 그렇게 해야 한다는 쪽지를 적어 보낸 게 아빠가 아니었나요?"

그녀가 궁금한 표정을 지으며 물었다.

"얘야, 아니다."

프랭크가 부어오른 입술로 말했다.

"쪽지를 보내지 않았어. 표를 받게 하려고 저들이 꾸며낸 짓이 란다."

할 말이 아직 남았는데, 헤스터는 부모와 떨어져야 했다. 그들은 생명의 위협을 느끼고 있었지만 마음은 가벼웠다. 헤스터는 자기 부모가 짐승의 표를 받지 않았다고 누구에게라도 자랑하고 싶었다.

"주님, 감사합니다."

그녀는 낮은 음성으로 거듭해서 감사했다.

우두머리가 수잔과 프랭크를 뜰로 끌고 가라고 지시를 내렸다. 헤스터는 자신들이 피로써 신앙을 증명할 때가 닥쳤다고 생각했다. 그들은 커다란 단두대로 끌려갔는데, 그곳에는 한 사내가 날이 시퍼런 칼을 들고 서 있었다. 단두대의 오른쪽에는 커다란 가마솥에서 기름이 끓고 있었다. 한 가족이 나란히 묶인 채 서 있는 모습은 애처로웠다. 그들은 어떻게 죽게 될지 알지 못했지만 아무리 잔인하더라도 그것은 순식간에 끝나고 승리를 누리게 될 터였다.

프랭크는 단두대로 올라오라는 명령이 떨어지자 아내와 딸에게 작별 인사를 하고 손을 올려놓았다. 수잔도 남편 옆에서 같은 자세를 취하도록 지시받았다. 헤스터는 어머니에게 매달리면서 필사적으로 가슴에 안겼다. 간수들이 욕설을 퍼부어댔다. 그리고 그들을 따로 떼어놓았다.

"강하게 살아야 해."

수잔이 눈물을 억누르며 말했다.

"절대 마음 바꾸면 안 된단다. 우리 모두 천국에서 다시 만나게 될 거야."

헤스터는 광분하게 될까 봐 근처에 있는 기둥에 두 손을 묶이게 되었다. 서 있는 곳에서도 벌어지는 일을 낱낱이 볼 수 있었다.

죽음을 기다리는 수잔과 프랭크는 얼굴이 창백했지만 평온했다. 죽는 모습을 지켜보려고 짐승의 표를 받은 수많은 사람이 모여들었는데, 그들은 짐승에게 존경을 표했다. 호루라기 소리가 요란하게 들리자 모두 입을 다물었다. 눈이 번들거리고 입에 비웃음을 달고 있는 간수의 우두머리가 단두대 쪽으로 다가갔다. 맞은편에는 칼을 든 사내가 서 있었다.

"프랭크 윌슨, 네 하나님에 대한 신앙을 포기하고 짐승님을 진정한 신으로 모시겠느냐?"

"그럴 수 없소."

그가 지체하지 않고 대답했다.

"그렇다면 짐승님의 이름으로 손목을 자르도록 명령한다."

프랭크는 두 눈을 감고 이를 악물었다. 사내가 칼을 들어서 힘껏 내리치자 단번에 팔목이 잘렸고, 두 손은 끓고 있는 기름 솥에 던져졌다. 공포에 질린 헤스터와 수잔이 비명을 질러댔다. 악마의 지시를 받는 사내들 때문에 그들은 손목이 끓는 소리를 들어야 했다.

수잔도 신앙을 포기하고 짐승의 표를 받을 것인지 질문을 받았다. 그녀는 떨리는 입술로 대답했다.

"그럴 수 없습니다."

칼을 든 사내가 사정없이 그녀의 손목을 내리쳤다. 손목이 잘리자 그녀가 고통 때문에 비명을 질렀다. 간수 하나가 그녀의 잘린 손을 주워 역시 끓는 기름 솥에 던져 넣었다.

프랭크와 수잔은 다시 한번 자신들의 신앙을 포기하고 짐승의 표를 받을 것인지 질문을 받았지만 대답은 동일했다.

"그럴 수 없다."

계속해서 그들의 귀가 잘려서 끓는 기름에 던져졌다. 헤스터는 아무 생각도 나지 않고 구역질이 났다.

"하나님, 우리가 왜 휴거를 놓쳤나요? 당신의 말씀에 이런 순간이 닥칠 것이라고 기록되어 있는데도 어째서 그렇게 어리석었나요? 제발 하나님, 강해지도록 도와주세요. 오, 하나님!"

그녀가 간절히 기도했다.

"지금은 어느 때보다 하나님의 도움이 필요해요!"

수잔과 프랭크가 짐승에게 경배하지 않겠다고 거절하자 간수는 그들의 혀를 자르도록 명령했다. 그래서 두 사람의 혀가 잘렸다.

헤스터는 정신없이 비명을 질러대기 시작했다. 그녀는 비명을 멈추려고 했지만 통제할 수 없었다. 간수 한 명이 비명을 멈추라고 고함을 질렀다. 그렇지만 그의 명령은 소용이 없었다. 다른 간수가 달려와서 헤스터의 입에 재갈을 물렸다. 그러자 끙끙대는 소리만 들렸다. 그들은 사탄에게 사로잡혀 있어서 하나님의 자녀에게는 어떤 아량도 보여주지 않았다.

수잔과 프랭크는 잔인한 고문을 받게 되자 눈물이 앞을 가렸다. 헤스터는 어느 간수가 날카로운 도구로 부모의 두 눈을 빼는 것을 지켜보아야 했다. 눈이 사라진 자리에서 피가 흘러내렸고, 몸이 잘려 나간 자리에서 피가 솟구치고 있었다. 헤스터는 의식을 잃어버린 어머니를 바라보며 하나님께 감사했다.

간수들이 어머니를 단두대에 올려놓고서 두 다리를 잘라서 기름 솥에 던져 넣었다. 그러고는 어깨까지 잘라내어 소리를 내며 끓고 있는 기름을 향해서 던졌다. 결국에는 머리마저 잘려 나갔고, 나머지 몸 전체가 기름 솥으로 들어갔다.

헤스터는 어머니의 몸이 뜨거운 기름 속에서 타는 것을 지켜보면서 역겨운 냄새를 맡아야 했다. 처형 장면을 안 보려고 눈을 감으면 옆에 서 있는 간수가 지켜보다가 들고 있는 칼끝으로 그녀를 찔러댔다.

고통스러운 장면을 지켜보다가 그녀는 두 차례나 의식을 잃었다. 그때마다 우두머리는 간수들에게 그녀의 의식이 돌아올 때까지 부모에 대한 고문을 중지하도록 지시했다. 헤스터가 처음부터 끝까지 지켜보게 할 생각이었다. 헤스터의 정신을 파괴하고 싶었다. 그녀가 언제까지고 견딜 수는 없었다. 언젠가는 포기할 수밖에 없다고 생각했다.

프랭크가 단두대에 올라갔다. 몸 전체에서 통증이 전달되었기 때문에 고통스러운 신음이 절로 나왔다. 그의 팔과 다리, 그리고 머리가 잘려 나갔고, 그 모두가 끓는 기름 솥에 던져졌다. 짐승을 찬양하는 소리가 높아갔지만 헤스터는 안정을 되찾았다. 부모는 더 이상 고통에 시달릴 필요가 없었다.

그녀의 입에서 재갈이 벗겨지자 하나님의 영광이 얼굴 전체에 가득했다. 그녀는 주변의 사내들이 상상할 수 없을 정도로 크고, 또렷한 음성으로 소리쳤다.

"하나님, 승리할 수 있게 해주셔서 감사합니다! 부모님이 주님과 편히 쉬게 해주세요!"

하나님의 영이 역사해서 무기력한 소녀의 입에서 갑자기 예상 밖의 소리가 튀어나오자 짐승의 표를 가진 사람들 대부분이 두려워서 떨었다. 간수가 지저분한 손으로 그녀의 입을 막고 나서 수갑을 풀었지만 손목에는 그 자국이 남아 있었다.

어머니와 아버지가 죽임당한 단두대를 바라보는 순간 자신도 승리가 머지않았다는 것을 직감했다. 우두머리의 잔인하고 사나운 눈길이 그녀를 훑었지만 그녀는 태연했다. 심장은 두근거리지 않았고, 죽음에 대한 두려움을 찾을 수 없었다. 그녀가 부드럽게 빛나는 아름다운 검은 눈으로 우두머리의 악한 시선을 살피자, 그는 두려움을 모르는 그녀의 표정 때문에 불안해지기 시작했다.

"죽을 준비가 되어 있어요!"

그녀가 단호하게 말했다.

"어째서 망설이는 거죠?"

우두머리는 더 이상 참을 수가 없었다. 그의 입에서 온갖 욕설이 쏟아졌다.

"저 애를 끌고 가!"

그가 욕지거리를 해대면서 말했다.

"나는 아직 저 애를 죽일 준비가 안 되었어. 짐승님의 이름을 걸고 반드시 굴복시키고 말 테다."

간수가 칼을 집어넣고서 감방을 향해서 걸어가도록 지시했다. 실망한 그녀는 지시를 따랐다. 정말 죽고 싶었지만 생각대로 되지 않았다. 살아야 할 이유가 없었고, 온통 죽어야 할 이유뿐이었다. 간수는 그녀를 전에 가뒀던 감방에 집어넣고서 자물쇠를 잠근 뒤에 자리를 떴다.

발소리가 잦아들자 숨겨두었던 곳에서 성경을 꺼냈다. 눈물이 앞을 가렸지만 그녀는 하나님 말씀을 한 구절씩 읽어 내려갔다. 어째서 살려둔 것일까? 그녀는 당연히 자신을 죽일 것이라고 생각했다. 어쩌면 하나님이 어떤 목적이 있어서 살려둔 것이라면 얼마 지나지 않아서 알게 될 터였다. 마음이 가벼워지고 속이 편해졌다.

그날 저녁 간수가 문을 열고 나이가 서른 정도 되어 보이는 잘 차려입은 여성을 감방에 들여보냈다. 그녀는 온몸을 떨면서 숨도 제대로 쉬지 못했다.

"내 이름은 헤스터 벨 윌슨이에요. 사람들은 그냥 헤스터라고 부르죠."

헤스터가 밝게 말을 건넸다.

"내… 이름은… 실비아… 매튜스야."

여성이 말을 더듬으면서 작은 소리로 말했다.

"저 사람들이… 저 사람들이… 너도… 죽이려고 한 거니? 너도 그리스도인이니?"

"그래요."

헤스터가 자랑스럽게 대답했다. 여성이 가까이 다가왔다. 그녀는 더 이상 두려워하지 않았다.

"어쩌면 주님을 믿도록 네가 도와줄 수도 있을 것 같구나. 우리 가족은 사람들에게 꽤 알려진 편인데, 나만 빼고 모두 짐승의 표를 받았어. 하나님을 잘 믿던 보모 오필리아가 아니었으면 나도 받았을 거야. 그녀에게서 이런 순간이 닥치게 될 것과 주님의 재림에 관해서 모두 들었단다. 아주 괜찮은 이야기 같았지만 다른 동화처럼 생각하고 넘어갔었지. 휴거가 일어나던 날 아침에 오필리아는 주님과 함께 지내기 위해서 들려 올라갔단다. 나는 처음으로 그녀가 항상 들려준 말이 꾸며낸 게 아니라는 사실을 깨달았단다."

그녀의 목소리가 작아졌다.

"어머니와 아버지는 교회나 성경에 대해서 그다지 의미를 두지 않았어. 오필리아가 사라지고 나서부터 내 인생은 달라졌어. 나는 전에 함께 지내던 사람들과 어울릴 수 없게 되었지. 그 사람들 모두 짐승의 표를 받았으니까. 휴거 전에는 오필리아와 하나님에 대해서 자주 얘기하고 휴거 후에는 표를 받지 않으니까 내가 제정신이 아니라고 생각하는 거야. 가족들은 내가 가문의 명예에 해가 된다고 생각하고서 짐승의 정권에 넘겨버렸고, 간수 가운데 한 명이 하는 말을 들으니 나를 아침에 처형할 거래. 무서워."

그녀가 눈물을 흘리며 말을 잇지 못했다.

"그럴 거예요."

헤스터가 동정의 말을 건넸다.

"부모님이 오늘 처형당했어요. 그리고 저도 바로 그분들의 뒤를 따라갈 거예요. 오늘이었으면 좋았을 텐데."

실비아는 납득할 수 없다는 듯이 헤스터를 바라보았다. 이 소녀는 어떻게 죽음을 앞두고도 이렇게 용기가 있을까?

"죽는 게 겁나지 않는다는 거니?"

그녀가 믿을 수 없다는 듯이 물었다.

"물론이죠."

헤스터가 순순히 대답했다.

"고통이나 죽음을 생각하면 육신은 겁이 나지만 저는 오늘 아주 놀라운 방식으로 하나님의 영을 체험했어요. 어서 죽어서 주님께 가서 함께 지내면 좋겠어요."

실비아의 두 눈에 커다란 희망이 아른거렸다.

"네가 그렇게 하나님과 가깝다면 내가 주님을 만나도록 도와줄 수 있겠구나. 네 생각에는 내가 구원을 받을 수 있겠니?"

그녀가 진지하게 물었다.

"물론이죠. 그분이 반드시 구원하실 거예요."

헤스터가 실비아의 눈을 바라보면서 대답했다. 헤스터가 숨겨 놓은 곳에서 성경을 꺼내자 실비아의 두 눈이 반짝였다. 그녀는 이 성경이 오필리아가 자신에게 모든 것을 들려주면서 읽었던 책과 다르지 않다는 것을 알고 있었다. 헤스터가 성경을 읽어 내려가자 실비아는 남김없이 받아들였다. 헤스터가 읽기를 마치고서 물었다.

"제가 읽어드린 것을 믿으세요?"

"물론이지."

실비아가 주저하지 않고서 고개를 끄덕이며 대답했다.

"그러면 하나님이 그리스도를 위해서 당신을 구원해달라고 함께 기도해요."

둘은 하나님의 사람들을 증오하는 이들의 눈을 피할 수 있는 더러운 감방에서 무릎을 꿇었고, 실비아는 눈물을 흘리면서 승리의 길에 들어섰다. 그녀는 환한 얼굴로 자리에서 일어섰고, 한 번도 느껴본 적이 없는 감정 때문에 놀랐다. 내일이면 죽을 것이라는 생각도 그녀의 기쁜 마음을 어쩌지 못했다. 그녀는 주님을 만난 것이었다.

다음 날 아침 간수가 실비아를 데려갈 준비를 하고 있을 때 새롭게 친구가 된 두 사람은 손을 맞잡고서 천국에서 만나자고 약속했다.

"잘 있어. 주님을 만날 수 있도록 도와주어서 고마워."

실비아가 죽음을 향해서 길을 떠나며 말했다. 헤스터는 실비아가 용감하게 사자 굴로 걸어가는 것을 창문을 통해서 지켜보았다. 두 눈에 눈물이 맺혔다. 실비아는 두려움을 모르는 표정으로 그곳에 서서 굶주린 사자의 밥이 되기 전에 신앙을 포기하라는 요구를 받자 단호하게 고개를 저었다. 그녀가 하늘을 향해서 두 손을 드는

238

순간 하나님의 영광이 얼굴에서 빛났다. 그녀는 살아계신 하나님께 영광의 찬양을 돌리면서 기쁘게 사자 굴로 들어갔다. 짐승을 물리친 영혼이 천국의 황금 길에 들어서는 순간 천사들이 노래를 부르면서 하나님을 찬양했다.

헤스터는 마음이 슬펐지만 실비아가 믿음을 갖고서 영광스럽게 죽음을 맞이할 수 있어서 기뻤다. 헤스터가 아니면 영광스러운 죽음을 경험하지 못했을 수도 있었다. 이제야 헤스터는 부모와 함께 죽임당하지 않은 까닭을 알게 되었다.

11.
재앙이 시작되다

집은 천둥 같은 소리를 들었다. 땅이 흔들릴 정도로 소리가 컸다. 밖에 나가서 하늘을 바라보는데 두려운 마음이 가시질 않았다. 무슨 소리였을까? 한 번도 들어본 적이 없는 소리였다. 집이 머리 위에 있는 구름 뒤를 바라볼 수 있었다면 빛나는 천사가 나팔을 불고 있는 모습을 보았을 것이다. 집은 긴장하면서 기다렸다. 무슨 일이 일어날까?

"아직도 겪어야 할 고통이 남았을까?"

집은 두려움 때문에 말을 잇지 못했다. 하늘을 올려다보면서 하나님의 이름을 모독했다.

갑자기 하늘에서 피 섞인 우박과 불이 쏟아지기 시작했다. 집은 이토록 무서운 장면을 본 적이 없었다. 그는 가까운 큰 건물로 달려갔다. 다른 사람들도 하늘에서 떨어지는 심판을 피하고자 내달리고 비명을 지르고 서로 떠밀어댔다.

짐은 창문을 통해서 초목이 모두 불타는 것을 지켜보았다. 나무의 삼분의 일이 불에 타버렸다. 일부 사람은 미처 피할 곳을 찾지 못했고, 그들의 시신이 길가에 널려 있었다. 어째서 이런 일이 벌어진 것일까? 짐은 해답을 찾기 위해서 정신없이 기억을 더듬었다. 그때 어머니의 성경이 생각났다. 요한계시록 8장은 이런 두려운 일을 예고하고 있었다.

"아니야. 그럴 수는 없어!"

그가 소리쳤다.

"그럴 수는 없다니까! 내가 그 책을 불태웠잖아! 어째서 그 내용이 계속 떠오르는 거야? 있는 힘을 다해서 경멸했잖아! 듣고 싶지 않아!"

그렇지만 짐은 떠오르는 성경 내용을 어쩌지 못했다. 그것은 여전히 그의 머릿속을 맴돌았다.

폭풍이 지나가자 엄청난 돌풍이 또다시 불어 닥쳤다. 하늘에서 두 번째 천사가 나팔을 불어대자 큰 산과 같은 불덩어리가 하늘에서 바다로 떨어지는 게 보였다. 바다가 곧장 피로 변하면서 붉어졌다. 짐은 다른 사람들과 함께 해변으로 달려가서 피로 변한 바다를 가까이에서 구경하는데, 가슴이 두방망이질 치기 시작했다. 바다가 피로 바뀔 수는 없는 일이었지만 눈은 속일 수 없었다. 그것은 사실이었다. 짐이 보기에 그것은 피였다. 바다 생물 삼분의 일이 죽었고, 선박의 삼분의 일이 침몰했다. 사람들은 그곳에 선 채로 두려움에 떨면서 병든 바다가 시체를 뭍으로 토해내는 것을 지켜보았다. 그것은 범죄를 저지른 인간들에게 하나님이 내리시는 분노였다. 그렇지만 사람들은 자신의 행동을 후회하지 않았다. 그들은 하나님의 이름을 모욕했다.

"셋째 천사가 나팔을 부니 횃불같이 타는 큰 별이 하늘에서 떨어져 강들의 삼분의 일과 여러 물샘에 떨어지니 이 별 이름은 쓴 쑥이라. 물의 삼분의 일이 쓴 쑥이 되매 그 물이 쓴 물이 되므로 많은 사람이 죽더라"(계 8:10-11).

요즘 며칠 동안 앨러배스터에서는 물을 구할 수가 없었다. 물을 마시러 가면 피로 변해 있었다. 짐은 갈증을 참을 수 없었다. 사람들은 실제로 물을 마시지 못해서 죽어가고 있었다. 도시 전체가 물을 찾고 있었다. 물을 대체할 수 있는 것을 찾아보았지만 갈증을 해소해줄 그 무엇도 찾을 수 없었다.

누군가 외쳤다.

"저쪽에 물이 있다!"

그러자 사람들이 그곳으로 우르르 몰려갔다. 짐의 말라붙은 입술은 마실 수 있는 시원한 물을 간절히 그리워했다. 사람을 죽이고 싶을 정도로 절망적이었던 그가 물이 나오는 곳으로 미친 듯이 달려갔다. 걸음을 걸을 수 없을 정도로 지쳐 길가에 누워 있는 사람들은 물을 좀 가져다 달라고 호소했지만 짐은 욕설을 퍼부으면서 길을 비키라고 걷어찼다. 그는 그들을 전혀 개의치 않았다. 자신밖에

〈밤베르크 묵시록〉삽화. (위) '일곱 천사와 일곱 나팔', (아래) '향로를 가진 천사'
(스토리 요한계시록, 양형주 저, 발췌)

생각하지 않았다.

물이 나오는 곳에 도착하니 둘러싼 사람들이 무릎을 꿇고서 물을 마시고 있었다. 짐의 생명을 구할 수 있는 유일한 방법은 누군가의 뒤에 서는 것이었다. 짐은 어느 사내의 뒤에 서서 참을성 있게 기다리고 있었다. 사내는 움직이지 않았다. 짐은 잠시 더 기다리다 고함을 질렀다.

"멍청한 녀석, 그만 일어나! 네 뒤에서 기다리는 사람은 생각도 안 하나!"

사내는 여전히 움직이지 않았다. 짐이 화가 나서 그를 걷어차고 얼굴을 확인했다. 그는 죽어 있었다. 그때 성경 구절이 떠올랐다.

"그 물이 쓴 물이 되므로 많은 사람이 죽더라"(계 8:11).

"그까짓 성경!"

그가 불같이 화를 냈다.

"곰팡내 나는 성경을 불태웠잖아! 어째서 그 구절들이 생각나는 거지? 내가 불태웠는데, 어째서 그러는 거냐고!"

그가 울부짖듯 고함을 질렀다. 짐이 하나님 말씀을 모두 불태운 것은 사실이지만 그 내용까지 머리에서 지울 수는 없었다. 사람이 한 말은 사라지지만 하나님이 하신 말씀은 영원히 살아남는다. 그분의 말씀은 살아 있었다. 말씀은 소멸하는 법이 없다.

쓴물을 마시고 목숨을 잃은 사람들의 시신이 널브러져 있는 물웅덩이를 짐은 미친 듯이 화를 쏟아내면서 정신없이 빠져나갔다. 온갖 재앙을 지상에 쏟아대는 하나님을 저주하면서 미친 듯이 욕설을 퍼부었다. 잘못을 범한 것도 아닌데 어째서 괴롭히는 것일까? 하나님은 우주를 지배하기 위해서 잔인한 행동을 서슴지 않는 존재지만 얼마 지나지 않으면 짐승이라는 진정한 신이 그를 제압하고 영원히 추방할 것이다.

또다시 커다란 소리가 허공을 가르는 순간 짐은 더 이상 생각을 할 수 없었다.

"넷째 천사가 나팔을 부니 해 삼분의 일과 달 삼분의 일과 별들의 삼분의 일이 타격을 받아 그 삼분의 일이 어두워지니 낮 삼분의 일은 비추임이 없고 밤도 그러하더라"(계 8:12).

엄청난 재앙의 진행에 영향을 끼치는 자연의 능력을 지켜보는 사람들의 마음에 자리 잡고 있는 두려움은 형언할 수 없었다. 밤낮으로 사람들은 지상에 쏟아지는 하나님의 분노를 떠올렸다.

갑자기 날이 어두워지기 시작했다. 짐은 시계를 들여다보고 믿을 수 없다는 듯이 주변을 돌아보았다.

"어두워질 시간이 아니잖아!"

그가 고함을 질렀다.

"이제 겨우 정오야. 내 눈이 잘못된 게 틀림없어!"

날이 점점 더 어두워지자 그가 투덜댔다. 짐은 암흑이 덮이기 직전에 엄청난 바람 소리를 들었지만 하늘에서 떨어진 천사가 열쇠를 가지고서 무저갱을 여는 것을 보지 못했다. 무저갱이 열리자 커다란 풀무가 열린 것처럼 심한 암흑이 스며 나왔다.

정말 밤이 시작되었다고 짐작할 무렵, 연기가 걷히기 시작하면서 평생 한 번도 본 적 없는 처참한 광경이 드러났다. 혈관을 타고 흐르는 피가 온기를 잃으면서 온몸이 얼어붙는 것 같았다. 비명을 지르고 싶었지만 입과 혀가 말을 듣지 않았다. 잠시 뒤에 그는 그 자리에 서서 공포에 떨었다.

"또 황충이 연기 가운데로부터 땅 위에 나오매 그들이 땅에 있는 전갈의 권세와 같은 권세를 받았더라. 그들에게 이르시되 땅의 풀이나 푸른 것이나 각종 수목은 해하지 말고 오직 이마에 하나님의 인침을 받지 아니한 사람들만 해하라 하시더라. 그러나 그들을 죽이지는 못하게 하시고 다섯 달 동안 괴롭게만 하게 하시는데 그 괴롭게 함은 전갈이 사람을 쏠 때에 괴롭게 함과 같더라. 그날에는 사람들이 죽기를 구하여도 죽지 못하고 죽고 싶으나 죽음이 그들을 피하리로다. 황충들의 모양은 전쟁을 위하여 준비한 말들 같고 그 머리에 금 같은 관 비슷한 것을 썼으며 그 얼굴은 사람의 얼굴 같고 또 여자의 머리털 같은 머리털이 있고 그 이빨은 사자의 이빨 같으며 또 철 호심경 같은 호심경이 있고 그 날개들의 소리는 병거와 많은 말들이 전쟁터로 달려 들어가는 소리 같으며 또 전갈과 같은 꼬리와 쏘는 살이 있어 그 꼬리에는 다섯 달 동안 사람들을 해하는 권세가 있더라"(계 9:3-10).

잔인하게 고통을 주는 심판의 생물을 피하기 위해서 사람들이 서로를 짓밟으며 우왕좌왕했다. 공격받은 사람들은 애처롭게 비명을 지르며 도움을 청했지만 누구 하나 도울 수 없었다. 황충이 짐승의 표를 받은 사람들을 공격했고, 그들은 속수무책이었다.

〈무저갱의 열쇠〉(루터 성경(초판본) 삽화, 1530년) (스토리 요한계시록, 양형주 저, 발췌)

짐은 잠시 공포 때문에 몸이 완전히 굳어버리고 말았다. 그러다가 겨우 움직일 수 있게 되었다. 술에 취한 것처럼 정신없이 길을 달려 내려가다가 옆길로 건너가서 골목길로 접어들었다. 무시무시한 황충에게 꼬리를 잡히지 않겠다는 것 이외에는 아무 생각도 할 수 없었다. 점점 더 빨리 달리자 숨이 턱 끝까지 차올랐지만 뒤에 남은 사람의 비명과 고함이 계속 들려왔다. 황충을 따돌리기 위해서 요리조리 앞뒤로 움직이며 한참을 달리다가 멈춰 서서 귀를 기울였다. 사람들의 아우성이 거의 잦아들었다. 잠시 쉬어갈 수 있을 만큼 충분히 벗어났다고 생각했다. 숨도 제대로 못 쉬고 달리다 보니 가슴에서 통증이 느껴졌다. 그는 벽돌집 계단에 앉아서 그런 무시무시한 재앙을 내린 하나님의 이름을 저주했다.

짐이 그곳에 앉아 있는데, 날카로운 소리가 작게 들려왔다. 그 소리가 점점 더 커졌다. 그 소리의 정체가 무엇인지 두려워 떨면서 기다리는 그의 맥박이 다시 빨라졌다. 갑자기 한 블록 떨어진 모퉁이를 돌아서 황충이 맹렬한 속도로 달려오고 있었다. 짐은 그것들을 보고서 거의 기절할 뻔했다. 누구도 지상에서 그런 곤충을 본 적이 없었다. 녀석들의 얼굴은 사내였고, 머리카락은 여자의 것이었으며, 이는 사자의 그것이었고, 날개는 정신없이 펄럭이며, 머리에 쓴 면류관은 금처럼 빛났다.

짐은 도망치려고 애썼다. 두려움 때문에 완전히 약해졌지만 쫓아오는 황충의 공격을 생각하다 보니 예상치 못한 속력을 낼 수 있었다. 황충들이 점점 더 가까워지면서 으르렁대는 소리가 들렸다.

조금만 더 빨리 달릴 수 있다면 얼마나 좋을까! 그것들이 뒤따라오고 있었다. 목뒤에서 황충들의 뜨거운 호흡이 느껴지는 것 같았다. 한쪽으로 머리를 돌린 채 뒤를 돌아보니 거리가 멀지 않았다. 잠시 뒤면 그것들이 따라잡을 테고, 벗어날 방법이 없었다.

그가 돌에 걸려 넘어지면서 격렬하게 비명을 질렀다. 사나운 황충들이 사자가 먹이를 덮치듯이 달려들었다. 짐은 무시무시한 장면을 외면하려고 눈을 감았다. 그가 정신없이 짐승에게 구원을 빌었지만 응답이 전혀 없었다. 황충들은 꼬리에 달린 무시무시한 침으로 그를 찌르기 시작했고, 찔릴 때마다 엄청난 통증이 몸 전체로 퍼졌다. 몸 전체가 불타는 것 같았다. 평생 그런 통증을 느껴본 적이 없었고, 꿈에서도 겪지 못했던 엄청난 고통이었다. 눈앞이 캄캄해졌다. 죽을 것 같았지만 그것도 나쁘지 않을 정도였다. 이렇게 소름 끼치는 동물들을 피할 수 있다면 죽음도 괜찮았다. 짐이 마지막으로 기억하는 것은 있는 힘껏 황충들을 할퀴고 잡아당기면서 하나님의 이름을 저주한 게 고작이었다.

몇 시간 뒤에 의식을 회복한 그는 엄청난 고통을 겪고 난 뒤에도 자신이 여전히 살아 있다는 게 믿기지 않았다. 짐은 몸을 움직일 때마다 말할 수 없는 통증을 느꼈는데, 신경 전체에 불이 붙은 것 같았다. 한동안 그는 그곳에 누워 있었다. 너무 아파서 앉아 있을 수가 없었다. 엄청난 고문이었다.

격렬한 고통이 반복되는 날들이 흘러갔다. 짐승의 표를 받은 사람들이 황충들의 공격에서 회복될 무렵이 되면 또다시 공격받고

통증이 또다시 시작되었다. 짐은 5개월간 밤낮으로 고통을 겪었다. 무시무시한 황충의 공격에서 회복되고 있다고 생각할 때쯤이면 다시 공격해왔다. 사람들은 목숨을 끊고 싶어도 그럴 수 없었다. 그들은 성경이 말하는 환란의 시대를 다섯 달 동안 겪고 있었기 때문이다.

"그날에는 사람들이 죽기를 구하여도 죽지 못하고 죽고 싶으나 죽음이 그들을 피하리로다"(계 9:6).

일부는 목숨을 끊으려고 높은 건물에 올라가서 뛰어내리려고 했지만 막상 올라가면 그럴 힘이 없다는 것을 알게 되었다. 고통을 겪는 사람들이 온갖 방법을 동원해서 목숨을 끊으려고 해도 죽음은 그들을 피해서 달아났다.

"한시도 통증이 그치지 않는데 사는 게 무슨 필요가 있어? 끝장을 보고 말겠어!"

그가 욕설을 퍼부으며 고함을 질렀다. 주머니에 있는 권총을 만지다가 강의 다리에서 뛰어내리는 게 더 쉬우리라 생각했다. 물에 빠져 죽는 게 가장 편하다는 말을 들어온 터라 강 쪽으로 떠났다. 이 모든 재앙을 내린 하나님께 증오심이 끓어올랐지만 언젠가 짐승에게 무릎을 꿇고 말 것이라고 생각했다.

다리까지 가는 길은 한없이 길게 느껴졌다. 급한 물살을 내려다보면서는 순식간에 끝낼 수 있겠다고 생각했다. 그는 난간에 서서 뛰어내리려고 했지만 놀랍게도 불가능했다. 몇 번이고 시도했지만 번번이 실패했다. 그때 성경 구절이 떠올랐다.

⟨다섯째 나팔 황충 재앙⟩(필립 메드허스트(Phillip Medhurst) 作, 2008년)
(스토리 요한계시록, 양형주 저, 발췌)

"그날에는 사람들이 죽기를 구하여도 죽지 못하고 죽고 싶으나 죽음이 그들을 피하리로다"(계 9:6).

짐은 돌아서서 화를 내며 소리쳤다.

"누가 그런 말을 한 거야!"

그가 울분을 토해냈다.

"내가 죽을 수 없다고 누가 그랬지!"

그 말의 출처가 갑자기 떠올랐다. 그는 하늘을 향해서 손가락질하며 자신은 스스로 목숨을 끊고 말 것이라고 맹세했다. 주머니에서 권총을 급히 꺼내서 머리에 가져다 대고 방아쇠를 당겼다. 그렇지만 놀랍게도 자신의 의지와 달리 방아쇠를 당길 힘이 없었다. 그는 하나님의 이름을 저주하면서 다리 위로 쓰러졌다.

짐이 걸어온 것과 같은 방향에서 작은 몸집의 사람이 서둘러서 다리를 건너는 게 눈에 띄었다. 고등학생 정도로 보이는 소녀는 깡말랐고 심하게 겁먹은 상태였다. 헤스터와 콜린스가 다니던 교회에 함께 참석하던 메리 콘웨이였다.

메리는 온갖 고초를 다 겪었지만 짐승의 표는 받지 않았다. 그녀는 한낮에는 다리를 건널 생각을 감히 하지 못했다. 자신의 생명이 심각한 위협에 처할 수도 있었다. 짐승의 정권에 소속된 몇 명의 사내들에게 붙잡히기 직전이라서 다리를 건너지 않을 수 없었다. 그녀는 숨을 헐떡이면서 계속 뒤를 돌아보며 급히 서둘렀다.

그녀가 그리스도인이었다면 기쁘게 죽음을 맞이할 수도 있었다. 하지만 그녀는 주님을 만나지 못한 상태였다. 믿음을 가지면 좋았을 테지만 믿는 것도 쉽지 않았다. 지상의 세계는 사탄에게 장악되었기 때문에 기도하려고 노력할 때면 누군가 조롱하는 것 같았다.

다리의 입구에 도착하자 그녀는 멈춰 선 채 사방을 둘러보았다. 그러고는 단단히 숨을 들이켜고서 다리 위를 걷기 시작했다. 자신을 뒤쫓는 사내들이 무서워서 짐이 있는 곳에 거의 다다랐을 때까지도 그가 누구인지 알아차리지 못했다. 발소리를 들은 짐이 소리쳤다.

"도와주세요! 도와주세요!"

메리는 급히 서둘러 다가가면서 그가 하나님의 자녀이고, 주님을 만나도록 도와줄지도 모른다고 생각했다. 그래서 더 충분히 생각하지 않은 채 불쌍해 보이는 사람에게 다가갔다. 메리는 처음에 짐을 알아보지 못했다. 머리는 길게 자라서 헝클어졌고, 오랫동안 면도하지 않았고, 옷은 더럽고 찢겨 있었다. 그녀의 심장박동이 빨라졌다. 이상하게 친숙한 느낌이 들었다. 알아볼 수도 있었지만 사내는 자신이 알고 있던 때와 너무 많이 달라져 있었다. 그녀는 사내가 고통 때문에 고개를 한쪽으로 돌리는 순간 정체를 확인했다.

"짐!"

자신의 목숨이 경각에 달린 것도 잊은 채 무릎을 꿇고 한 때는 고생을 몰랐지만 이제는 거칠어진 두 손으로 바닥에 쓰러져 있는 그의 머리를 일으키며 외쳤다.

"짐, 저를 모르시겠어요?"

그녀가 아주 반가워하며 물었다. 짐을 만난 게 너무 기뻐서 눈물이 났다.

"짐, 메리에요."

그녀가 떨리는 음성으로 말을 이어갔다. 짐은 메리를 너무 잘 알고 있었다. 그들은 함께 성장했다. 메리에게는 오빠가 없었기 때문에 짐이 그 노릇을 했고, 그래서 그녀에게 짐은 우상이었다. 짐은 메리보다 나이가 많아서 그녀가 학교에 다니고 있을 때 그는 대학에 진학했었다.

"짐!"

그녀가 소리를 높였다.

"휴거되지 못했네요! 오빠 어머니가 휴거되기 전날 밤까지 얼마나 걱정하셨는지 몰라요."

그녀는 목이 메었다.

"오빠는 틀림없이 구원받고 휴거되었을 거라고 생각했어요. 짐, 주님을 만났나요?"

그녀가 귀를 조금 더 가까이 대면서 마음을 조이며 물었다.

"주님을 만나다니 무슨 소리야?"

그가 벌컥 소리를 질렀다.

"저기 총이 보이지? 가져다가 나를 죽여 다오."

"짐, 안돼요!"

그녀가 비명을 질렀다.

"저는 그럴 수 없어요. 우리 같이 기도해요. 하나님이 도와주실 거예요."

짐이 말허리를 자르면서 화를 냈다.

"하나님을 찾아댈 거면 꺼져버려!"

그가 오른손을 들면서 목소리를 높였다. 메리는 자기 눈을 의심했다. 짐이 짐승의 표를 받은 것이었다. 그녀는 숨을 제대로 쉴 수가 없었다. 떨리는 것을 어찌하지 못하다가 결국 그녀는 겨우 자리에서 일어섰다. 자신이 오랫동안 그토록 존경하고 사랑하던 사람이 이제는 원수가 되고 만 것이었다. 그녀가 뒷걸음치기 시작하자 짐이 노려보며 말했다.

"저기 총이 보이지? 가져다가 나를 쏘라니까! 이 호루라기를 불지 못하게 할 유일한 방법이다. 내가 그렇게 하면 어떻게 되는지 알지?"

"짐, 안 돼요!"

그녀가 발작적으로 소리쳤다.

"저는 할 수 없어요! 저는 할 수 없다고요!"

그를 뒤에 남겨둔 채 그녀는 다리의 맞은편으로 달려갔다.

"돌아와!"

짐이 고함을 질렀다.

"돌아오라니까, 이 바보야!"

날카로운 호루라기 소리가 허공을 가르는 순간 메리는 온몸이 얼어붙는 것 같았다. 그녀는 짐승의 정권에 속한 자들이 뒤따라왔다는 것을 즉시 알아차렸다. 다리를 벗어나기도 전에 뒤쪽에서 발소리와 함께 남자들의 고함 소리가 들려왔다.

"거기 서! 거기 서라니까!"

그녀는 달리면서 기도했다.

"하나님, 저들에게 붙잡히지 않게 해주세요. 저를 잡아가지 않게 해주세요. 아직 구원받지 못했어요!"

그녀는 어떻게든 더 빨리 달리려고 했지만 두려움과 허기 때문에 지쳐버린 두 다리는 뜻대로 움직이지 않았다. 사내들과의 간격이 점점 좁아지고 있었다. 그러다가 우악스러운 손아귀가 그녀를 낚아챘다. 그녀는 사탄에 사로잡힌 시선들을 바라보았다. 그들은 그녀를 끌고 가면서 짐승에게 영광을 돌렸다.

"하나님, 제발 당신을 만나기 전에는 저들이 저를 죽이지 않게 해주세요."

두려움이 자신을 짓눌렀지만 그녀는 남은 힘을 다 모아서 기도했다. 사내들은 그녀를 데리고 입구를 지나서 고문 장소로 갔다. 그녀를 감옥에 수감하지 않고 곧장 단두대로 데려갔다.

"제발 살려주세요!"

그녀가 울부짖었다.

"아직 구원받지 못했어요!"

하지만 사내들은 전혀 관심을 보이지 않았다.

간수가 예리한 칼을 들고 앞으로 다가섰다. 그녀는 당황스러워서 어쩌지도 못한 채 무기력하게 서 있었다. 하나님께 버림받은 느낌이었다.

"오, 하나님! 제 영혼을 구원해주소서!"

그녀는 울부짖었지만 암담했다. 하나님과의 접촉은 불가능해 보였다.

간수가 물었다.

"표를 받을 테냐?"

그녀는 온몸을 떨었다. 희망을 갖지 못하고, 하나님을 믿지 못하고 죽어야 한다는 게 정말 슬펐다. 메리는 죽임당하면 구원받지 못한다는 것을 알고 있었다. 하나님의 아들이 흘린 보혈을 통해서 거듭남을 경험해야 했다.

짐승의 표를 받지 않겠다고 결심한 그녀가 고개를 가로저으며 말했다.

"싫어요! 짐승의 표를 받지 않을 거예요. 하지만 제발 죽이지는 말아주세요!"

무자비한 손길이 그녀를 단두대에 눕혔다. 그리고 칼을 든 사내가 그녀의 목을 내려치려고 팔을 들어 올렸다. 그 순간 갑자기 병사한 명이 급히 달려오면서 그를 가로막았다. 그리고 경례를 붙이면서 큰 소리로 말했다.

"짐승 만세! 짐승님이 이 도시를 방문하셔서 잠시 뒤면 이곳을 지나가실 예정입니다."

병사가 흥분한 몸짓을 섞어가면서 말했다.

"문을 열어주십시오. 고문하는 장소를 보고 싶어 하십니다."

그들은 더 이상 지체하지 않았다. 대부분 문밖으로 달려가서 병사가 가리킨 방향의 길로 내려갔다. 메리는 단두대에서 끌려 내려와 감방에 넣어졌다. 조금 더 생명이 연장되었다고 생각하니 크게 안심이 되었다. 어쩌면 주님을 만날 기회를 갖게 될지도 몰랐다.

그녀는 창살이 쳐진 작은 창문을 겨우 올라가서 조심스레 내다보았다. 길 쪽으로 문이 열린 게 보였다. 그 광경을 보니 거의 숨을 쉴 수 없었다. 그녀가 보니 수많은 사람이 줄지어 늘어서 있었다. 대부분 얼굴을 땅에 대고 무릎을 꿇고 있었다. 온갖 칭송을 늘어놓으면서 "짐승 만세!"를 외치다 보니 짐승의 표를 갖지 않은 사람들은 말할 수 없는 두려움에 사로잡혔다.

바로 그때 여섯 필의 말이 이끄는 마차가 모습을 드러냈다. 너무 아름다워서 숨이 멎을 지경이었다. 마차는 온갖 보석으로 치장되어 있었다. 사파이어, 벽옥, 에메랄드, 옥수, 자수정, 녹옥수, 그리고 히아신스석으로 꾸며져 있었다. 바퀴들이 천천히 구를 때마다 다이아몬드가 반짝였다. 말들이 착용한 금제 마구는 다이아몬드로 장식되어 있었다. 메리가 한 번도 본 적이 없는 더없이 아름다운 광경이었다.

마차에 탄 사내는 소름이 끼칠 정도였다. 그의 얼굴은 사납고 두 눈은 불타는 듯했다. 그는 반짝이는 커다란 다이아몬드가 점점이 박혀 있는 흰색의 긴 겉옷을 걸치고서 허리에는 황금 허리띠를 착용하고 있었다. 머리에 쓴 화려한 왕관에 달린 장식 술이 흔들리자 작은 보석들이 반짝였다.

행렬이 갑자기 멈췄다. 적그리스도가 마차에 앉으니 같은 복장을 하고 있는 악한 영이 그의 앞으로 나섰다. 그러고는 하늘을 바라보며 불이 떨어지도록 명령했다. 그 즉시 하늘이 밝아지더니 사람들이 보는 앞에서 불이 떨어졌다. 짐승의 표를 받지 않은 사람들 가운데 일부가 숨어서 지켜보다가 앞으로 달려 나갔다. 그리고 머리를 조아리면서 자신들이 기적을 목격하니 짐승이 하나님이라고 공개적으로 선언했다.

행렬이 다시 움직이기 시작하자 사람들은 폭포수처럼 한 음성으로 소리를 질렀다.

"짐승이 진짜 하나님이시다! 짐승 만세!"

마차가 문을 통과하면서 감옥 쪽으로 이동했다. 짐승은 정면을 응시했다. 그러다가 그의 강렬한 시선이 갑자기 메리를 향했는데, 그녀의 몸을 태워버릴 것 같았다. 메리는 그렇게 강력한 능력을 가진 사람을 만나본 적이 없었다. 무릎을 꿇고서 경배하지 않으면 안될 것 같았다.

"하나님, 제발 보혈을 의지하게 해주세요. 예수님의 보혈을 의지하게 해주세요."

그녀는 목이 메었다. 짐승의 강렬한 시선이 영혼을 꿰뚫어 보면서 자신의 생각을 남김없이 읽어버린 것 같은 느낌이 들자 안색이 흙빛이 되었다. 온몸에서 힘이 빠져나갔지만 절하지 않기 위해서 창문의 창살에 힘껏 매달렸다. 그녀가 고통스러워하는 모습을 지켜보는 짐승의 얼굴에 승리의 미소가 번졌다. 그가 만일 일 분만 더 바라보았더라면 그녀는 몸을 숙이고 경배했을지도 몰랐다. 그의 능력은 그만큼 아주 강력했다. 마차가 서서히 길을 따라서 올라가자 그가 시선을 돌렸다. 메리는 바닥에 주저앉아서 계속 흐느끼며 몸을 떨었다.

"하나님, 제발 믿음을 가질 수 있게 도와주세요!"

그녀가 절망적으로 부르짖었다. 메리가 바닥에 쓰러져 있는데, 천둥 치는 것 같은 소리가 들렸다. 가만히 귀를 기울였다. 거리에 있는 사람들이 비명을 지르고 찢어지는 소리를 내고 있었다. 사람들이 무엇 때문에 그렇게 갑자기 돌변한 것인지 알 수 없었다. 짐승에게는 더 이상의 경배가 불가능한 소리였다. 그녀의 맥박이 갑자기 빨라졌다.

그녀가 창문으로 다가서는 바로 그 순간에 화려한 마차가 알 수 없는 힘을 이용해서 하늘로 올라가고 있었다. 여섯 필의 말, 마차, 적그리스도와 악한 영이 거대한 새처럼 날아오르더니 구름 사이로 자취를 감췄다. 메리가 그 모습을 바라보는데 소름이 돋았다. 마술 같았다.

사람들이 두려움에 사로잡혀서 비명을 질러대는 바람에 그녀는 급히 거리 쪽으로 고개를 돌렸다. 그녀의 눈이 갑자기 커졌다. 수백 마리의 사자들이 거리로 쏟아져 내려오는데 등에는 사내들이 타고 있었다. 가만히 보니 사자의 모습과는 조금 달랐다. 머리는 사자였지만 몸통은 말의 그것이었고, 꼬리는 머리가 달린 뱀이었다. 그것들이 사람들을 물어뜯었다. 기괴하게 생긴 동물을 탄 사내들은 불, 히아신스석, 그리고 유황석이 달린 흉갑을 차고 있었고, 그들이 탄

260

〈진노의 일곱 대접을 붓는 천사들〉(필립 메드허스트 作, 2008년)
(스토리 요한계시록, 양형주 저, 발췌)

말의 입에서는 불과 연기와 유황이 나오고 있었다. 그것들은 길에서 있는 사람들을 집어삼켰다. 무서운 광경이었다. 동물들은 요한이 계시록 9장에서 말했던 사자 머리가 달린 말들이었다.

"마병대의 수는 이만 만이니 내가 그들의 수를 들었노라. 이같은 환상 가운데 그 말들과 그 위에 탄 자들을 보니 불빛과 자줏빛과 유황빛 호심경이 있고 또 말들의 머리는 사자 머리 같고 그 입에서는 불과 연기와 유황이 나오더라. 이 말들의 힘은 입과 꼬리에 있으니 꼬리는 뱀 같고 또 꼬리에 머리가 있어 이것으로 해하더라"(계 9:16-17,19).

메리는 파괴하는 말들과 그것들을 타고 있는 사내들을 정신없이 바라보는데 악몽을 꾸는 것 같았다. 사람들은 자신들을 지키기 위해서 무기가 될 만한 것들을 찾아서 내달았고, 총이 있는 사람들은 총을 쏘아댔다. 그렇지만 말을 탄 사내들은 조금도 해를 입지 않았다. 그들은 곧장 도시를 향해서 달려갔고, 그 과정에서 많은 사람이 죽임을 당했다. 동물들이 도시를 지나면서 으르렁대는 소리는 멀리 떨어져 있어도 천둥소리처럼 들렸다.

거리에는 죽었거나 죽어가고, 상처를 입고 피를 흘리는 사람들이 널브러져 있었다. 마치 엄청난 전쟁터 같았다. 목숨을 건진 사람들은 하늘의 하나님을 경배하거나 자신들의 사악한 행동을 회개하지 않았고, 오히려 하나님의 이름을 저주했다. 하나님은 하늘에서 더 큰 재앙을 내리셨다.

요한계시록 16장에 기록된 첫 번째 천사가 대접을 땅에 쏟자 짐

262

승의 표를 받았거나 그의 형상에 절을 한 사람들에게 아주 심한 종기가 생겨났다. 짐승에게도 온몸에 고통스러운 종기가 생겼다. 얼마나 아프고 괴로운지 말로 표현할 수 없을 정도였다! 무엇으로도 통증을 줄이지 못했다. 두 번째 천사가 대접을 바다에 쏟자 바다가 죽은 사람의 피처럼 바뀌고 바다의 모든 생물이 죽었다. 세 번째 천사가 대접을 강과 물의 근원에 쏟으니 피로 변했다. 물을 차지한 천사가 말했다.

"전에도 계셨고 지금도 계신 거룩하신 이여 이렇게 심판하시니 의로우시도다. 그들이 성도들과 선지자들의 피를 흘렸으므로 그들에게 피를 마시게 하신 것이 합당하니이다"(계 16:5-6).

제단에서 소리가 들렸다.

"그러하다. 주 하나님 곧 전능하신 이시여 심판하시는 것이 참되시고 의로우시도다"(계 16:7).

태양이 더욱더 뜨거워지기 시작했다. 사람들은 햇빛을 피할 곳을 찾았지만 그 열기를 벗어날 수 있는 곳은 어디에도 없었다. 너무 뜨거워서 타들어 갈 정도였지만 사람들은 회개하지 않았다. 하나님과 그분의 심판을 증오했기 때문이었다.

천사가 짐승의 보좌에 접시를 쏟자 갑자기 태양이 빛을 잃고 점점 어두워지기 시작했다. 사방이 어두워져 갔다. 짐을 비롯해서 짐승의 표를 받은 사람들은 고통스러워서 혀를 깨물었다.

12.
진노의 날은 이르고

메리가 짐승의 정권에 붙잡혀오던 날 헤스터는 감방의 창가에서 있었다. 그녀는 간수들이 누군가를 뜰로 끌고 오는 것을 보았다. 죄수를 가까이 끌고 오자 그녀의 가슴은 멎는 듯했다. 헤스터가 언제나 사랑하는 페어뷰교회에 참석하던 메리 콘웨이였다. 메리가 죽이지 말아 달라고 사정하는 소리가 들렸다.

헤스터는 기도했다.

"하나님, 메리가 당신을 만나기 전까지는 저들에게 목숨을 잃지 않도록 도와주세요. 제발 하나님, 메리와 말할 기회를 주셔서 구원받도록 도울 수 있게 해주세요!"

헤스터는 눈물을 흘리면서 간수가 메리를 단두대로 끌고 가는 것을 지켜보았다. 그녀는 그 모습을 보면서 정말 불안했다. 주님이

264

기도를 외면하시는 것 같았다. 죽임당하면 메리의 희망도 물거품이
될 수 있었다.

헤스터는 눈을 감았다. 칼을 든 간수가 메리의 목을 치기 위해
서 팔을 들어 올리는 순간에도 헤스터는 계속 기도했다. 다시 눈을
떠보니 간수가 칼을 거둔 채 누군가와 대화하는 것을 보고 깜짝 놀
랐다. 그러더니 메리는 죽음의 단두대에서 끌려 내려와 감방으로
넣어졌다.

몇 분 뒤에 감옥의 복도에서 걷는 소리가 들려왔다. 헤스터는
숨을 죽이고 귀를 기울였다. 그것은 아마 메리를 데려오는 것일 터
였다. 그녀는 어느 방에 수감하는지 알고 싶어서 조바심이 일었다.
그들은 수감하기 직전에 멈췄다. 헤스터의 바로 옆방을 열쇠로 여
는 소리가 들렸다. 그녀가 기도했다.

"하나님, 메리가 옆방에 수감되어서 이야기를 나눌 수 있게 해
주세요."

눈물이 글썽거리더니 볼을 타고 흘러내렸다. 그녀는 메리를 보
호해준 하나님께 감사했다. 소란한 소리가 들리자 그녀는 감방의
창문으로 다가가서 짐승의 행렬이 감옥문을 통과하는 것을 지켜보
았다. 나중에 감옥 주변이 대체로 조용해지자 헤스터는 자신이 있
는 방과 옆방을 가로막고 있는 벽 쪽으로 다가갔다.

"메리!"

그녀가 나지막이 불렀다. 메리가 듣고 있다고 생각하니 심장박
동이 빨라졌다. 하지만 전혀 대답이 없었다. 그러자 헤스터는 조금

더 크게 그녀를 다시 불렀다. 벽을 통해서 메리의 음성을 듣는 순간 헤스터는 기뻐서 심장이 두근거렸다.

"누구세요? 누가 내 이름을 부르는 거죠?"

헤스터는 너무 기쁜 나머지 간수들에 대한 걱정도 잊고 말았다.

"나야 헤스터."

그녀가 기뻐서 소리를 높였다.

"헤스터 벨 윌슨. 너와 콜린스 아주머니가 다니던 교회에 함께 나가던 검은 머리카락을 가진 아이 말이야. 기억나니?"

메리는 너무 좋아서 심장이 터져버릴 것 같았다.

"헤스터, 너는 구원받았니?"

그녀가 아주 조심스럽게 물었다. 기대하는 대답을 들을 때까지 숨을 죽이고 있었다.

"물론이지. 감사하게도 나는 하나님을 만났어!"

"헤스터, 네가 하나님을 만났다니 정말 잘 됐다. 나도 하나님을 아주 열심히 찾았지만 믿음을 갖는 게 정말 어렵더라. 믿음을 가지면 얼마나 좋을까. 그러고 싶은데 쉽지 않아."

"메리, 내 말을 잘 들어."

헤스터는 숨도 쉬지 않고 말했다.

"성경을 가지고 있니?"

"그래, 신약성경을 가지고 있어."

그녀의 성경은 아주 작아서 허리춤에 숨겨둘 수 있었다.

"좋아, 잘 됐어. 나도 성경을 가지고 있어. 가져올 테니 잠깐만 기다려.”

헤스터는 순식간에 성경을 가지고서 감방 벽으로 돌아왔다.

“그러면 내가 말하는 성경의 구절들을 펴서 읽어보자.”

메리는 그녀가 시키는 대로 따라 했다. 메리는 한 구절씩 읽어 내려갔고, 마침내 구원 기도를 하려고 헤스터와 함께 벽을 마주하고 무릎을 꿇었다. 하지만 메리는 믿음을 가질 수 없었다.

며칠이 지나갔다. 헤스터는 그녀와 함께 계속 기도하고 성경을 읽었다. 헤스터는 그녀와 더불어 기도하면서 하나님 말씀을 읽었다. 그렇지만 메리는 절망과 의심의 구덩이에 더 깊숙이 빠질 때는 부질없는 짓이라는 생각이 들기도 했다. 그녀는 암흑의 악한 세력에 둘러싸여 있었고, 그녀가 있는 방은 마치 그것들의 본거지 같았다.

어느 날 아침, 헤스터의 방문을 열쇠로 여는 소리가 들리더니 간수가 서서 경멸하듯 말했다.

“헤스터 벨 윌슨, 마지막 기회를 주겠다. 오늘은 표를 받든지 아니면 목숨을 잃을 준비를 해야 한다. 너는 이단자처럼 화형을 당하게 될 거다.”

잠시 헤스터는 깜짝 놀랐다. 이 순간이 닥칠 것이라고 예상은 했지만 마침내 그 순간이 닥치니 충격적이었다. 그렇지만 그녀는 이내 평정을 회복했다.

“잠깐만 기다려주세요. 이제 더 이상 여기에 돌아올 일이 없으니 가져가고 싶은 물건이 있어요.”

그녀가 더러운 매트리스 밑에서 성경을 꺼냈다. 간수는 믿을 수 없다는 듯이 바라보았다. 감방에 성경을 감추는 것은 불가능한 일이었다. 헤스터가 성경을 가슴에 안고 서 있는 모습을 지켜보던 간수가 화를 냈다.

"우리가 이런 책을 어떻게 하는지 잘 알고 있지?"

그가 닦아 세웠다.

헤스터가 슬프게 머리를 끄덕였다. 그녀는 짐승의 정권을 따르는 간수들이 성경을 쌓아놓고서 기름을 붓고 불태우면서 하나님의 이름을 저주하는 것을 목격했다. 어느 때는 소위 이단자 주변에 성경을 쌓아놓고서 하나님의 자녀와 함께 불태우기도 했다.

"그 책을 이리 내!"

그가 성경을 낚아채면서 벼락같이 소리를 질렀다. 성경에 손이 닿자마자 그가 욕을 하면서 바로 손을 뗐다. 뜨거운 쇠를 만진 것 같았다.

"그 빌어먹을 책에 무슨 짓을 한 거지?"

그가 화를 내면서 고함을 질렀다.

"아무것도 하지 않았어요."

헤스터가 놀라며 말했다.

"항상 그대로였어요."

"좋아, 그것을 들고 따라와라."

메리는 헤스터의 감방에서 벌어지는 일을 모두 듣고 있었다. 헤스터가 죽는가 보다! 이제는 자신이 주님을 만날 수 있도록 도와줄 수 있는 사람은 아무도 없었다. 메리에게는 헤스터가 커다란 축복이었다. 그녀 역시 곧 죽음의 순간이 닥치게 될 텐데, 주님을 알지 못했다.

헤스터는 간수를 따라서 방을 나서면서 소리쳤다.

"메리, 승리의 순간이 다가왔어! 집으로 돌아갈 때가 된 거라고. 메리, 내가 들려준 주님을 믿으면 구원을 얻을 수 있어!"

감정을 주체하지 못하고 그녀의 음성이 떨렸다. 그녀가 계속해서 말했다.

"지금은 헤어지지만 하나님의 보좌 앞에서 만나게 될 거야. 숨이 끊어질 때까지 너를 위해서 기도할게!"

"헤스터, 안 돼!"

메리가 발작하듯 비명을 질렀다.

"죽으면 안 돼! 죽으면 안 된다고!"

헤스터가 복도를 걸어가자 메리는 눈물을 흘리면서 소리쳤다.

"잘 가 헤스터."

그리고 낮고 떨리는 음성으로 덧붙였다.

"하나님 보좌 앞에서 만나."

어째서 그렇게 말한 것일까? 그녀는 그런 소망을 가질 수 없었다. 자신도 믿기지 않았다.

메리는 창가로 소리를 죽이고 다가가서 내다보았다. 헤스터가 죽는 것을 구경하려고 사람들이 모여 있었다. 그녀는 두 명의 간수들과 함께 걷고 있었는데, 얼굴에는 하나님의 영광이 빛났다. 손에는 소중한 성경이 들려 있었다. 몇 명의 간수들이 성경을 뺏으려고 하다가 감옥에서처럼 똑같은 일을 겪었다. 여러 명의 간수들이 놀라서 갑자기 손을 떼는 것을 보고 화가 난 우두머리가 성경을 움켜쥐었다가 역시 바로 손을 뗐다. 그가 욕설을 퍼부으며 명령을 내렸다.

"저 빌어먹을 책을 소녀와 함께 불태워라. 마법을 걸어두었어."

헤스터는 머리와 어깨를 곧게 펴고서 병사처럼 반듯하게 걸어갔다. 그녀는 아주 평온해졌다. 더 이상 두려울 게 없었다. 기둥에 묶이는 순간에도 계속 기도했다. 그리고 눈물이 글썽한 채 감옥의 창문을 통해서 내다보는 메리는 그것이 자신을 위한 기도라는 것을 알고 있었다.

간수들이 그녀 주위에 장작을 쌓아 올렸다. 그러고 나서 생각을 바꾸고 짐승의 표를 받을 것인지 물었다. 지켜보는 사람들은 무덤처럼 정적을 유지하면서 아름다운 소녀의 결단을 숨을 죽이면서 기다렸다. 그녀의 두 눈은 보석처럼 반짝였고, 얼굴은 광채가 났다. 그녀는 지체하지 않고 대답했다.

그녀는 하늘에서 들려오는 노랫소리처럼 아름다운 목소리로 말했다.

"아니오! 몇만 번을 묻더라도 그럴 수 없어요! 나는 곧 나를 위해서 돌아가신 주님과 함께 있게 될 거예요. 나를 살리기 위해서 갈보리에서 보혈을 흘리고 돌아가신 놀라운 예수님을 보내주신 하나님께 감사합니다!"

군중은 놀라서 잠시 갈피를 놓고 말았다. 이윽고 한 음성이 되어서 헤스터가 영광을 돌린 하나님께 욕설을 퍼부어댔다. 그러자 명령이 내려졌다. 메리는 창가에 서 있었는데 숨 쉬기가 쉽지 않았고, 주먹에 힘을 주다 보니 손톱이 살을 파고들었다.

불이 붙자 노란 불길이 헤스터에게 곧장 향하기 시작했다. 그녀는 기둥에 묶였지만 두 손으로 성경을 가슴에 품고 있었다. 그리고 하늘을 향해서 여전히 입술을 움직이며 기도하고 있었다. 불길이 점점 더 높아져서 뜨거운 붉은 불길이 그녀를 에워쌌다. 하지만 그녀는 고통을 느끼지 않는 것 같았다. 그녀는 생명이 끊어지기 직전에 하나님의 능력을 힘입어서 크게 외쳤다.

"하나님을 믿으니 너무 좋습니다!"

그리고 마지막 말을 남겼다.

"승리하게 하시니 하나님 감사합니다!"

"헤스터는 어떻게 죽는 순간에도 저렇게 용감하고 행복할 수 있을까?"

메리는 궁금했다. 갑자기 불꽃보다 더 환한 옷을 걸친 두 명의 천사들이 헤스터를 양쪽에서 부축하는 게 불꽃 사이로 보였다. 그녀가 승리의 죽음을 맞이할 수 있게 하나님이 천사들을 보낸 것이었다.

메리가 얼굴을 바닥에 숙이고 몸을 들썩이며 흐느꼈다.

"하나님, 어째서 저는 휴거되지 못했나요? 늘 들어온 말이었는데요. 정말 어리석었습니다!"

그녀가 고통스럽게 울부짖었다. 그녀가 쓰러져서 흐느끼고 있는데, 철문이 열리면서 간수가 거칠게 소리 질렀다.

"바보처럼 굴지 말고 거기서 일어서라! 너를 데리러 왔다. 네가 죽을 차례다!"

메리는 얼어붙었다. 그들이 그녀를 죽이려고 하는데, 그녀는 아직 하나님을 만난 적이 없었다. 그녀가 정신없이 차가운 감방을 둘러보았다. 구석에는 침대가 되어준 짚 더미가 놓여 있었다. 하나님을 만나지 못하고 죽는다는 게 너무 두려웠다.

"제발, 조금만 더 살게 해주세요!"

그녀가 간절히 호소했다.

"네가 결단할 수 있도록 충분한 시간을 주었다."

간수가 대답했다.

"가자!"

그가 명령을 내리면서 거칠게 그녀를 붙잡고서 문 쪽으로 끌고 갔다. 메리는 온몸을 떨면서 복도를 걸어갔다. 어쩐 일인지 간수는 그녀가 몸에 지니고 있는 작은 신약성경을 문제 삼지 않았다. 그녀는 정신없이 기도했다.

"오, 하나님! 제발 도와주세요! 이제 죽임을 당하게 됩니다! 오… 하나님….'

목이 메었다.

"당신을 만나지 않고서는 죽을 수 없습니다!"

그녀가 계속 부르짖었지만 하나님이 귀를 막고 있는 것 같았다. 메리의 얼굴은 초췌해지고 두 눈에는 고통이 역력했다. 앞에는 단두대가 있었고, 손에 칼을 든 사내가 그녀의 목숨을 뺏으려고 대기

하고 있었다. 두 다리는 힘이 모두 빠져나가서 그곳까지 갈 수 있을지 자신이 없었다. 그녀의 눈이 짐과 마주쳤다. 그의 소름 끼치는 웃음소리 때문에 잠시 심장이 멎는 듯했다.

마침내 그녀가 단두대에 올라섰다.

"하나님, 제발 도와주세요!"

그녀가 기도했다.

"하나님, 도와주세요!"

그렇지만 대답은 들리지 않았다.

간수의 우두머리가 메리에게 거들먹대며 물었다.

"표를 받겠느냐?"

그녀의 심장이 두방망이질 쳤다. 아주 오랫동안 두려워했던 순간이 닥친 것이었다. 그러나 그녀는 하나님께 구원받지는 못했지만 짐승의 표를 받고 싶지 않았다.

"싫어요!"

그녀가 하늘을 우러러보며 외쳤다.

"짐승의 표를 받을 수 없어요! 하나님께 구원받지 못했어요. 그분과 만날 수 없을지도 모르지만 예수님이 나를 위해서 죽었다는 사실은 너무나 잘 알고 있어요!"

처음으로 진정한 신앙의 빛이 반짝였다. 그녀가 그 말을 반복하자 사람들은 정신을 차리지 못했다. 하나님의 영이 의심과 어둠의 그늘을 걷어냈다. 그녀는 갈보리의 수치와 고난, 갈보리의 능력과 영광을 남김없이 깨닫기 시작했다. 하나님의 아들이 십자가에 달린 모습과 못 박힌 손에서 흘리는 피를 목격했다. 그분이 메리를 돌아보면서 말을 건넸다.

"얘야, 내가 너를 대신해서 죽었단다. 네가 믿기만 하면 나의 보혈로 네 죄를 씻어낼 수 있단다."

그녀의 얼굴에서 하나님의 영광이 빛을 발했고, 그녀가 크게 외치는 순간 두 눈이 별처럼 반짝이기 시작했다.

"믿습니다! 믿습니다! 나는 그분을 발견했어! 나는 하나님의 아들 그리스도를 만난 거야!"

이어서 그녀는 찬송을 부르기 시작했다.

무엇으로 내 죄를 씻을 수 있을까?
예수의 피밖에 없네.
무엇으로 나를 다시 성케 할 수 있을까?
예수의 피밖에 없네.

영광스러운 즐거움 때문에 그녀는 자신이 죽는 것을 보러 모인 사람들을 의식하지 않게 되었다. 간수들이 그녀를 제지하려고 했지만 황홀경에 빠진 사람처럼 그녀는 계속해서 찬양했다. 옆에 서 있는 사람들은 엄청난 두려움에 사로잡혔다.

"그녀를 죽여라! 빨리! 저 여자애는 미쳤어!"

우두머리가 고함을 질렀다. 입술이 씰룩거렸다. 간수들이 그녀를 단두대에 눕혔지만 그녀는 그들의 잔인한 손길을 전혀 의식하지 않았다. 노랫소리가 너무 아름다워서 하늘의 천사들까지 노래를 그치고 귀를 기울였다. 사내가 칼을 뽑아서 힘껏 내리쳤지만 메리는 전혀 통증을 느끼지 못했다. 천국에 도착해서 눈을 뜨니 천사가 빛나는 하얀 겉옷을 그녀에게 입혀주었다. 그녀는 종려 가지를 들고서 보좌 앞에 서서 하나님을 찬양하며 외쳤다.

"거룩, 거룩, 전능하신 주 하나님!"

메리는 요한이 계시록 6장에서 목격한 많은 사람 가운데 한 명이었다.

"다섯째 인을 떼실 때에 내가 보니 하나님의 말씀과 그들이 가진 증거로 말미암아 죽임을 당한 영혼들이 제단 아래에 있어 큰 소리로 불러 이르되 거룩하고 참되신 대주재여 땅에 거하는 자들을 심판하여 우리 피를 갚아 주지 아니하시기를 어느 때까지 하시려 하나이까 하니 각각 그들에게 흰 두루마기를 주시며 이르시되 아직 잠시 동안 쉬되 그들의 동무 종들과 형제들도 자기처럼 죽임을 당하여 그 수가 차기까지 하라 하시더라. 내가 보니 여섯째 인을 떼실 때에 큰 지진이 나며 해가 검은 털로 짠 상복같이 검어지고 달은 온통 피같이 되며 하늘의 별들이 무화과나무가 대풍에 흔들려 설익은 열매가 떨어지는 것같이 땅에 떨어지며 하늘은 두루마리가 말리는 것같이 떠나가고 각 산과 섬이 제 자리에서 옮겨지매 땅의 임금들과 왕족들과 장군들과 부자들과 강한 자들과 모든 종과 자유인이 굴과 산들의 바위 틈에 숨어 산들과 바위에게 말하되 우리 위에 떨어져 보좌에 앉으신 이의 얼굴에서와 그 어린 양의 진노에서 우리를 가리라. 그들의 진노의 큰 날이 이르렀으니 누가 능히 서리요 하더라"(계 6:9-17).

짐은 메리가 죽는 것을 지켜보며 서 있었다. 그는 그녀를 보고 싶지는 않았지만 그녀가 죽임당하는 것은 기뻤다. 그녀의 머리가 바닥으로 굴러떨어지자 머리카락을 잡고 들어 올려서 미치광이처럼 빙빙 돌리며 짐승에게 영광을 돌렸다.

짐이 피 묻은 그녀의 머리를 내려놓는 순간, 흥분한 병사 한 명이 급히 달려와서 세계 곳곳에 무시무시한 우박이 내리고 있다고 보고했다. 엄청난 크기의 우박이 하늘에서 떨어지고 있었다. 우박은 모든 것을 파괴했다.

갑자기 강력한 힘 때문에 땅이 흔들리기 시작했다. 태양이 잿빛으로 바뀌고, 달이 핏빛으로 변했다. 마치 무화과나무가 강한 바람에 흔들려서 설익은 열매를 떨어뜨리듯이 하늘의 별들이 지상으로 떨어졌다. 하늘은 두루마리가 말리듯이 떠나갔고, 모든 산과 섬이 제자리를 벗어났다.

하늘에서 별들이 떨어지고, 태양은 빛을 잃어버리고, 달은 핏빛으로 변하고, 산과 섬이 자리를 옮겼고, 하나님이 죄를 범한 인간들에게 심판을 내리신 이후로 그 어느 때보다 더 큰 두려움에 떨었다.

짐과 사람들이 두려움에 사로잡혀서 하늘을 올려다보니 하늘이 열리고 하나님의 아들이 흰색 말을 타고 모습을 나타냈다. 그의 두 눈은 불꽃 같고, 머리에는 많은 왕관을 쓰고 있었다. 거기에 자기 외에는 알 수 없는 이름이 기록되어 있었다. 그는 피에 젖은 옷을

⟨백마 탄 그리스도⟩(19세기 작품, 디오니시우 수도원, 그리스)
(스토리 요한계시록, 양형주 저, 발췌)

입고 있었는데, 그의 이름은 하나님의 말씀이었다. 하늘의 군대가 하얀 말들을 타고서 그의 뒤를 따랐다. 그들은 하얗고 정결한 복장을 갖추고 있었다.

짐이 두려워 떨면서 바라보니 그의 입에서 양쪽에 날이 선 칼이 아주 힘차게 나오고 있었다. 그의 옷과 다리에는 이름이 기록되어 있었다.

"왕의 왕, 그리고 주의 주."

그는 포효하는 사자처럼 짐승의 표를 받은 땅 위의 사람들에게 복수하러 달려오고 있었다.

표를 가진 사람들은 몹시 광분해서 바위로, 산으로 내달렸다. 짐도 이제는 자신감을 잃어버리고 거대한 돌과 산 앞에 쓰러진 채 자신에게 덮쳐달라고 간청했다.

"나를 덮쳐다오!"

그가 미친 듯이 소리쳤다.

"나는 그의 얼굴을 마주할 수 없다! 바위여, 자비를 베풀어다오! 너의 엄청난 무게로 나를 덮치고 깊숙이 파묻어 버려서 그의 얼굴과 마주하지 않게 해다오! 나는 악마에게 영혼을 팔아서 용서받을 수 없다! 나는 하늘나라를 부정한 사람이다."

그가 신음소리를 냈다.

"그는 나를 위해서 죽었지만 나는 그의 희생에 감사하지 않았다. 나는 그가 흘린 피가 불결하기나 한 것처럼 짓밟았다. 나는 구원받지 못했다. 나는 나를 위해서 못 박히고 상처 입은 손을 부정했다. 내가 심판의 흰 보좌 앞에 서게 되면 지상의 모든 것을 심판하는 이는 말할 것이다. 이 저주받은 자여, 나를 떠나 악마와 그 사자들을 위하여 준비된 불과 유황이 끝없이 불타는 영원한 불로 들어가라. 나를 덮쳐다오! 바위와 산이여, 나를 덮쳐다오! 그의 분노의 날이 닥쳤다! 나는 회개하고 싶어도 그럴 수 없다. 나는 길을 잃었다! 나는 영원히 길을 잃었다!"

짐은 지옥의 무저갱에서 들려오는 것 같은 음성으로 크게 울부짖었다.

〈끝〉